Ernest Hemingway

wiederentdeckt

STURMFLUTEN DES HERBSTES

ERNEST HEMINGWAY

WIEDERENTDECKT

Text von Norberto Fuentes

Fotos von Roberto Herrera Sotolongo

Aus dem Englischen
von Werner Schmitz

Olms Presse

Hildesheim · Zürich · New York

Danksagung

Ich möchte all denen danken,
die mich bei der Arbeit an diesem Buch
mit Rat und Tat unterstützt haben.
Mein besonderer Dank gilt Carlos Aldana
für seine Hilfe als Dichter und Kritiker.
Max Marambio hat mir mit seinem
unermüdlichen Enthusiasmus
entscheidende Impulse gegeben.
Besonders wertvolle Dienste haben mir geleistet:
das Copyright-Team in Paris
(Hervé Tardy, Zlatko Susic, Jacques Hennaux,
Jean-Paul Paireault und Marina Zmak)
und die Mitglieder der
International Network Group in Paris und Havanna:
Carlos Cadelo, Teodoro Espinosa,
Eusebio Fernández, Alcibíades Hidalgo,
Sandro und Joan Gandini, José Antonio Gonzáles,
Una Liutkus, José Francisco Ordriozola,
Miria Contreras und Lourdes Guitart.
Für ihre unerschöpfliche Geduld,
Großzügigkeit und Hilfsbereitschaft danke ich
Raúl Rivero, Marilú Moré und Lourdes Curbelo.
Ferner danke ich Jean-Claude Francolon,
der die Idee zu diesem Projekt hatte,
und Gladys Rodríguez Ferrero, Direktorin des Hemingway
Museums in Havanna, und ihren Mitarbeitern.
Und nicht zuletzt danke ich Gloria Clavijo,
der Witwe von Roberto Herrera Sotolongo,
die uns freundlicherweise den Großteil der
unschätzbaren Fotografien dieses Buches
zur Verfügung stellte.

Norberto Fuentes

Die Deutsche Bibliothek –
CIP-Einheitsaufnahme

Sturmfluten des Herbstes:
Ernest Hemingway wiederentdeckt / Text
von Norberto Fuentes. Fotos von Roberto
Herrera Sotolongo. Aus dem Engl. von
Werner Schmitz. – Hildesheim; Zürich; New
York: Olms-Presse, 1994
Einheitssacht.: Ernest Hemingway rediscovered <dt.>
ISBN 3-487-08353-1
NE: Fuentes, Norberto; Herrera Sotolongo,
Roberto; Schmitz, Werner [Übers.]; EST

Originaltitel:
ERNEST HEMINGWAY REDISCOVERED
© 1987 Copyright Studio-Paris, Paris, France
© 1994 Georg Olms Verlag AG,
Hildesheim, Deutschland für die deutsche Ausgabe

Gestaltung: Jacques Hennaux und
Sandrine Desbordes
Umschlag: Prof. Paul König, Hildesheim
Satz: O & S Satzteam, Hildesheim
Herstellung: Interdruck Leipzig GmbH
Gedruckt auf säurefreiem Papier
Printed in Germany
ISBN 3-487-08353-1

Die Fotografien in diesem Buch vervollständigen die Lebensgeschichte Ernest Hemingways und werfen ein neues und aufschlußreiches Licht auf seine Jahre in Kuba. Es ist sehr unwahrscheinlich, daß je noch einmal neues Bildmaterial von dieser Bedeutung auftauchen wird, da Fotografen, die Bilder von Hemingway gemacht haben, diese entweder bereits publiziert oder an seine Erben weitergegeben haben. Viele davon befinden sich jetzt bei den Hemingway-Dokumenten in der John F. Kennedy Library in Boston und der Firestone Library der Princeton University).

Die meisten der bisher unveröffentlichten Fotos in diesem Band stammen von Roberto Herrera Sotolongo, einem Spanier, der aus politischen Gründen im kubanischen Exil lebte. Herrera war ein begeisterter Amateurfotograf, er benutzte zwei Kameras, eine 35 mm Leica und eine 120 Rolleiflex mit einem starken Blitzgerät, das Stereo Viewmaster Realist genannt wurde. Mit dieser heute veralteten Ausrüstung fotografierte er Geburtstags- und Hochzeitsgesellschaften und machte Porträts von Freunden und Verwandten.

In den 40er und 50er Jahren zählte Herrera zu dem kleinen, exklusiven Kreis in Havanna, der sich als „Hemingways Clan" betrachten durfte – eine wüste Clique von Aussteigertypen und Trinkern. Er hatte alle erforderlichen Eigenschaften: Er konnte ohne mit der Wimper zu zucken einen doppelten ungezuckerten Daiquiri kippen, er war ein sorgfältiger Arbeiter und überaus loyal. Seit den frühen 40er Jahren war er Hemingways Privatsekretär; dazu Verwalter von Hemingways Land um die Finca Vigía in San Francisco de Paula in der Nähe von Havanna, und angeblich hat er auch Hemingways Steuererklärungen bearbeitet, damit sie vor den Augen des Steuerbeamten bestehen konnten. Nach seiner Aufnahme in die „Veteranenbrigade" hat er sie nicht wieder verlassen. Und er hörte nie auf zu fotografieren. Seine Fotografien dokumentieren Hemingways Aufenthalte in Kuba von 1939 bis 1960, und er wurde im Lauf der Zeit ein ausgezeichneter Fotograf. Seine Bilder sind meist nicht nur technisch, sondern auch kompositorisch hervorragend.

Nach Hemingways Tod wurde die Finca Vigía ein Museum, dessen erster Verwalter Roberto Herrera Sotolongo war. Später beendete er sein im Spanischen Bürgerkrieg abgebrochenes Medizinstudium, erhielt 1966 die Approbation und praktizierte bis zu seinem Tod am Calixto Garcia Hospital in Havanna. Er starb 1970 an einem Herzinfarkt.

Herrera war nicht nur ein guter, sondern auch ein sehr bescheidener Fotograf. Obwohl einige seiner Bilder zu Klassikern werden sollten – etwa das von Hemingway und seiner vierten Frau Mary auf der Brücke der Pilar –, wurde er nie als deren Urheber genannt. Die meisten seiner Arbeiten blieben im Verborgenen und zu seinen Lebzeiten unveröffentlicht.

Es war daher ein außerordentlicher Glücksfall, daß seine Witwe Gloria Clavijo mir 1970 nach seinem Tod die Fotografien ihres Mannes zeigte und mich fragte, „ob sich dafür etwas bekommen ließe". Ich arbeitete damals an der gewaltigen Aufgabe, Hemingways kubanische Jahre anhand seiner Papiere und mit Hilfe von Gesprächen mit seinen Bekannten zu rekonstruieren. Diese unschätzbaren Fotos lagerten in vier gelben Kodak-Kartons, drei davon auf ihrem Schlafzimmerschrank und einer in einer Truhe im Wohnzimmer. Sie hatte keine Ahnung von ihrem wahren Wert, obwohl sie wußte, daß sie ihrem Mann sehr wichtig gewesen waren und er oft ganze Abende damit beschäftigt war, sie immer wieder neu zu ordnen.

Und so fand ich mich plötzlich im Besitz dieser unbezahlbaren Fotosammlung. Einige Negative hatten über die Jahre leichten Schaden genommen. Das kubanische Klima ist besonders feucht, und niemand hatte je dafür Sorge getragen, sie zu konservieren. Aber sie waren zweifellos die sensationellste Entdeckung seit Hemingways Tod, ein einzigartiger Beitrag zu der Sammlung seiner Fotos. Sie waren nicht bloß das Werk irgendeines Profis, den man ausgeschickt hatte, den Schriftsteller aufs Geratewohl abzulichten, sondern eher so etwas wie die täglichen Aufzeichnungen eines Mannes, der über zwanzig Jahre lang zu Hemingways besten Freunden gezählt hatte. Sie zeigten die Finca aus allen Perspektiven, sämtliche von Papas Kumpanen, seine Fischfangexpeditionen, seinen Jagdclub, seine Lieblingskneipen in Havanna, seine Frauen – mit anderen Worten: seine ganze Welt.

10

Soviel zur Geschichte der Sotolongo-Fotografien, die den größeren Teil dieses Buches ausmachen.

Die übrigen Illustrationen fallen in zwei Kategorien. Erstens die Bilder, die Hemingway selbst auf der Finca Vigía aufbewahrte; sie illustrieren Kapitel 1 dieses Bandes. Zweitens die eigens in Auftrag gegebenen Farbaufnahmen der Finca, wie sie heute aussieht; sie wurden von dem französischen Fotografen Jean-Paul Patrault angefertigt und bilden den abschließenden Teil des Buches.

Kein einziges Foto in Hemingways Privatsammlung wurde in einem Album aufbewahrt. Er maß persönlichen Fotos keine sonderliche Bedeutung bei, abgesehen von Karshs berühmtem Porträt und einigen Schnappschüssen von Familienangehörigen, die er unter das Glas seines Schreibtisches schob. Der Rest wurde in schlichten Holzschachteln aufbewahrt und nicht besser versorgt als Sotolongos Sammlung. Die einzigen Alben, die Hemingway auf der Finca hatte, enthielten Zeitungsausschnitte von Artikeln über seine beiden Flugzeugabstürze in Uganda im Januar 1954. Damals hatte man zunächst angenommen, er sei bei dem zweiten Absturz ums Leben gekommen; in den Alben finden sich die daraufhin von seinen sogenannten Freunden hastig veröffentlichten Nachrufe. In seinem autobiographischen Essay Das Weihnachtsgeschenk, geschrieben während seiner Genesungszeit in Nairobi, hatte er halb entrüstet, halb ironisch angekündigt, er werde diese Alben in Löwen- und Zebrahaut binden lassen. Sie haben jedoch ihre Pappeinbände behalten.

Hemingways Haus, die Finca Vigía, befindet sich heute noch im selben Zustand wie zu seinen Lebzeiten; es läßt den Schriftsteller auf bewegende Weise lebendig werden, die Fotos im Schlußteil dieses Buches vermitteln einen Eindruck davon. Hemingway hat den größten Teil der letzten 22 Jahre seines Lebens dort verbracht, das Haus war sein einziger dauerhafter Wohnsitz während seines ganzen Lebens als Erwachsener. Noch immer spürt man hier seine Gegenwart. Man glaubt, der Mann könnte jederzeit ins Zimmer kommen oder den Pfad zum Swimmingpool hinunter gehen.

Die letzten lebenden Zeugen aus Hemingways Jahren auf Kuba schwinden rasch dahin: sein jüngerer Bruder Leicester starb 1982; Mary, seine vierte Frau, starb 1986; Adriana, seine letzte große Liebe, starb 1983. Martha Gellhorn, seine dritte Frau, hüllt sich in beharrliches Schweigen... Einige von denen, die auf den folgenden Seiten von ihm erzählen, waren einfache Leute – Nachbarn, Dienstboten oder Freunde, die niemand kennt –, darunter Gregorio Fuentes, der berühmte Kapitän der Pilar, ein erstklassiger Erzähler; der lakonische José Luis Herrera Sotolongo, Robertos älterer Bruder, ein Freund von Fidel Castro, und Hemingways Hausarzt, der Mann, der sich von 1940 bis fast ans Ende seines Lebens um seine Gesundheit gekümmert hat.

Mit diesem Buch soll ein wenig von Hemingways menschlicher Wärme eingefangen werden, ein wenig von dem sonnengetränkten Leben, das er so liebte. Der Mann, der uns aus diesen Fotos entgegentritt, war bei der „Finca Vigía-Clique" sehr beliebt – also bei seinen spanischen-republikanischen Freunden, seinen Dienstboten, seinen Freunden und den kubanischen Fischern. Ein Mann, der ein friedliches Dasein liebte und die einfachen Dinge des Lebens genoß. Ein Hemingway, der seine Geheimnisse für sich behielt und obnehin nicht viele Freunde hatte, denen er sie mitteilen konnte. Ein sensibler, tragischer Einzelgänger; der in mancher Hinsicht das genaue Gegenteil seiner Legende war:

Norberto Fuentes
Havanna, 1987

KAPITEL EINS

BIOGRAPHISCHE NOTIZEN ZU EINEM ESSAY ÜBER

DAS KURZE GLÜCKLICHE LEBEN VON

ERNEST MILLER HEMINGWAY

Key West, um 1929, auf der Terrasse seines Hauses. Hier schrieb Ernest Hemingway In einem anderen Land.

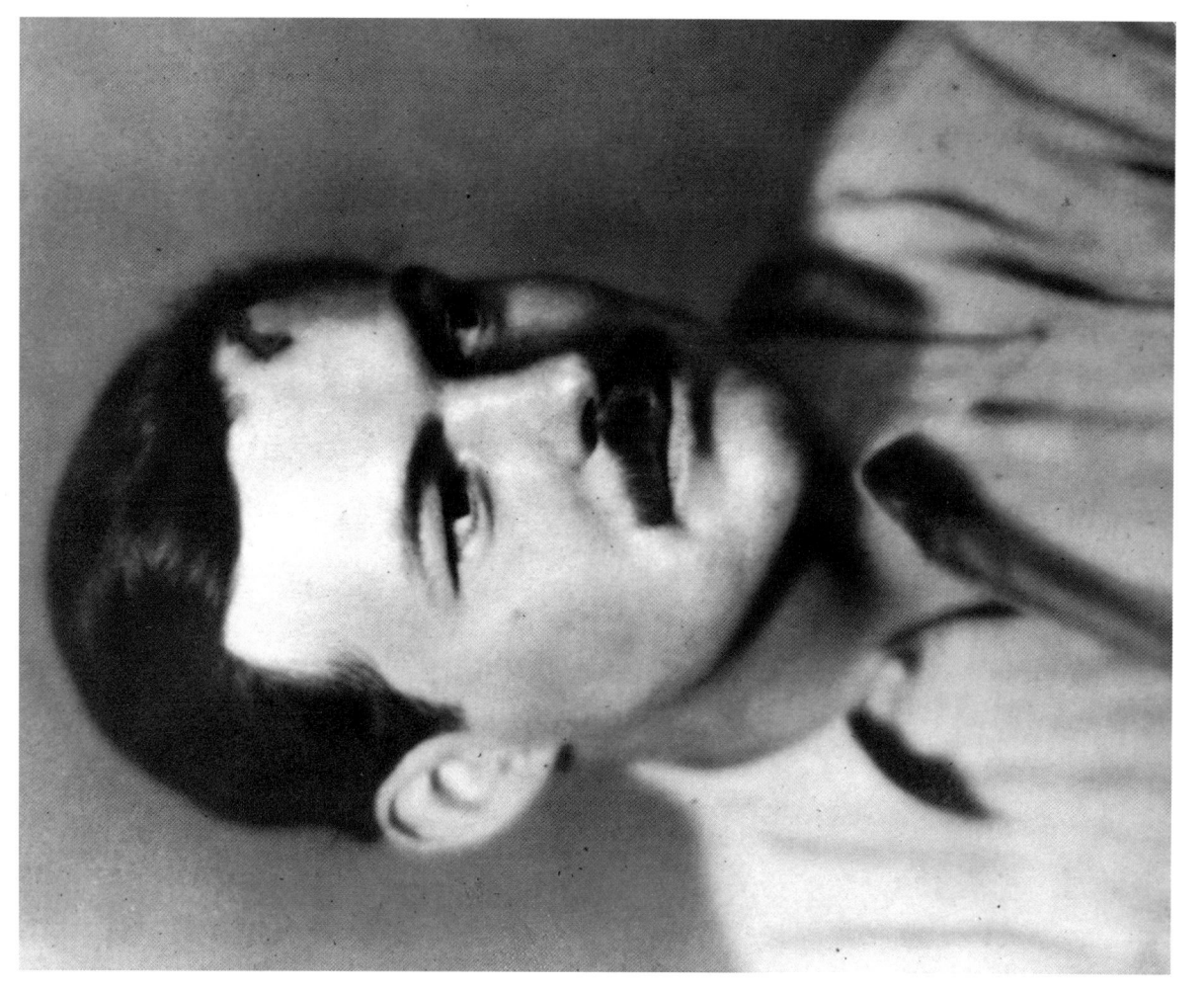

Wie kann man einen Menschen beurteilen?
Du wirst es immer falsch machen, denn was
du beurteilst, ist die Vergangenheit.

José Guimarães Rosa

Geboren wurde Ernest Miller Hemingway am 21. Juli 1899 in der North Oak Park Avenue 439 in Oak Park, einem Vorort von Chicago. Oak Park war „vornehm", prüde und streng protestantisch". Sein Vater, Dr. Clarence Edmonds Hemingway, war treues Mitglied der First Congregational Church, seine Mutter, Grace Hall, sang im Kirchenchor.

Grace Hall liebte die Musik; sie hatte eine gute Altstimme und hätte als Sängerin Karriere machen können. Ihr Mann, ein vielbeschäftigter, erfolgreicher Arzt, ging lieber angeln und auf die Jagd. Zwischen diesen beiden Extremen spielte sich die Erziehung ihrer sechs Kinder ab. Zu seinem dritten Geburtstag bekam Ernest seine erste Angelrute, zu seinem achten ein Cello und zu seinem zehnten eine Schrotflinte.

Am Bear Lake (später Walloon Lake) im Norden von Michigan, wo die Familie Hemingway jeden Sommer verbrachte, ging der kleine Ernest mit der Schrotflinte auf die Pirsch. Für ihn war dieses Tal ein Paradies, wo er weit weg von der beengten Atmosphäre seines vorstädtischen Zuhause angeln und jagen und barfuß in den Wäldern herumlaufen konnte, bis er keine Luft mehr bekam. Später, als er die Oak Park High School besuchte, sah Ernest seinen ersten Boxkampf. Nun verlegte er sich aufs Boxen und war bald ganz verrückt danach.

Im Februar 1916 veröffentlichte Hemingway in der Schülerzeitung *Tabula* seine erste literarische Arbeit „Judgement of Manitou", die erste von der Schule herausgegebene Wochenzeitung. *Trapeze*, die von der Schule herausgegebene Wochenzeitung, brachte mehrere Reportagen von ihm. Dabei kam ihm der inspirierende Unterricht von Fannie Briggs zugute, einer Lehrerin, die Kurse in Journalismus abhielt. Nach dem Abschluß der High School im Jahr darauf beschloß er, sein Geld als Reporter zu verdienen. Er hätte auch das College besuchen können, wollte aber zunächst einmal ein Jahr arbeiten. Ein Freund seines Onkels verhalf ihm zu seinem ersten Job beim *Kansas City Star*, einer der führenden Zeitungen Amerikas. Die Mitarbeiter mußten sich nach einem hauseigenen Stilhandbuch richten, dem

März 1937, Bürgerkrieg in Spanien. Das obere Bild entstand in Fuentes de Alcarria und zeigt Hemingway mit Alexis Eisner, damals Lieutenant und später Adjutant des ungarischen

Generals Lucasz war. Darunter inspizieren Hemingway und Ludwig Renn einen von Francos Truppen erbeuteten „Cri-cri", ein italienisches Fahrzeug zum Ziehen von Geschützen.

Hemingway und der amerikanische Torero Sidney Franklyn, der mit ihm auf Seiten der Republikaner kämpfte. Das Schloß von Manzanares erscheint auf zahllosen Fotografien Hemingways aus dem Spanischen Bürgerkrieg.

Hemingway viel zu verdanken hatte, wie er später anerkannte: „Es waren die besten Regeln, die ich je über das Schreiben gelernt habe. Ich habe sie nie vergessen."

Als die Vereinigten Staaten am 6. April 1917 in den Ersten Weltkrieg eintraten, wollte er sich sofort verpflichten, aber sein von Geburt an schwaches linkes Auge machte ihn zum Militärdienst untauglich. Aber kaum in Kansas angekommen, ging er zur Missouri National Guard und wartete dann auf eine Gelegenheit, an die Front zu kommen. Als er hörte, daß das Rote Kreuz Sanitätswagenführer für den Dienst in Italien suchte, meldete er sich freiwillig. Am 23. Mai 1918 trat er die Überfahrt nach Europa an; Anfang Juni wurde er in Norditalien stationiert. In der Nacht des 8. Juli wurde er bei Fossalta an der Piave von einer österreichischen Granate schwer verletzt. Die Beine voller Granatsplitter, schleppte er einen italienischen Gefährten in Sicherheit, wobei er von feindlichem MG-Feuer noch weitere Verletzungen abbekam.

„Ich bin in diesem Loch gestorben", schilderte er die Ereignisse später. Aber es gab manchen Ausgleich. Erst verliebte er sich in Agnes Hannah von Kurowsky, die Krankenschwester, die ihn im Mailänder Amerikanischen Rote-Kreuz-Krankenhaus versorgte. (Sie wurde zum Vorbild für Catherine Barkley in *In einem anderen Land*.) Und dann wurde ihm die Medaglia d'argento al valore verliehen.

Aber im Januar 1919 war das große Abenteuer vorbei. Ernest Hemingway war wieder zu Hause in Oak Park. Er hatte eine Tapferkeitsmedaille gewonnen, aber den Schlaf verloren. Ständig hatte er Alpträume vom Tod. Im März verließ Agnes ihn wegen eines adligen italienischen Leutnants. Hemingway verfiel in tiefe Depression.

Erst im Januar 1920 nahm er eine neue Arbeit auf, diesmal als Tutor, und im Februar begann er als freier Mitarbeiter beim *Star Weekly* in Toronto. Im Oktober 1920 zog er nach Chicago, im Dezember wurde er Redaktionsassistent bei einer von der Cooperative Society herausgegebenen Monatszeitschrift, und das Leben begann ihm wieder Spaß zu machen. Er lernte den Schriftsteller Sherwood Anderson kennen, und im September 1921 heiratete er Elizabeth Hadley Richardson. Von Anderson ermutigt, beschlossen die beiden nach Europa zu gehen;

Das Duell hat
begonnen.
Hemingway besitzt
Erfahrung, Verstand
und ein gutes Gewehr,
von seinem Mut ganz
zu schweigen. Er
wartet, bis das
Nashorn angreift,
und wird erst
schießen, wenn es
nahe genug heran ist,
damit es mit einem
einzigen Schuß getötet
werden kann

19

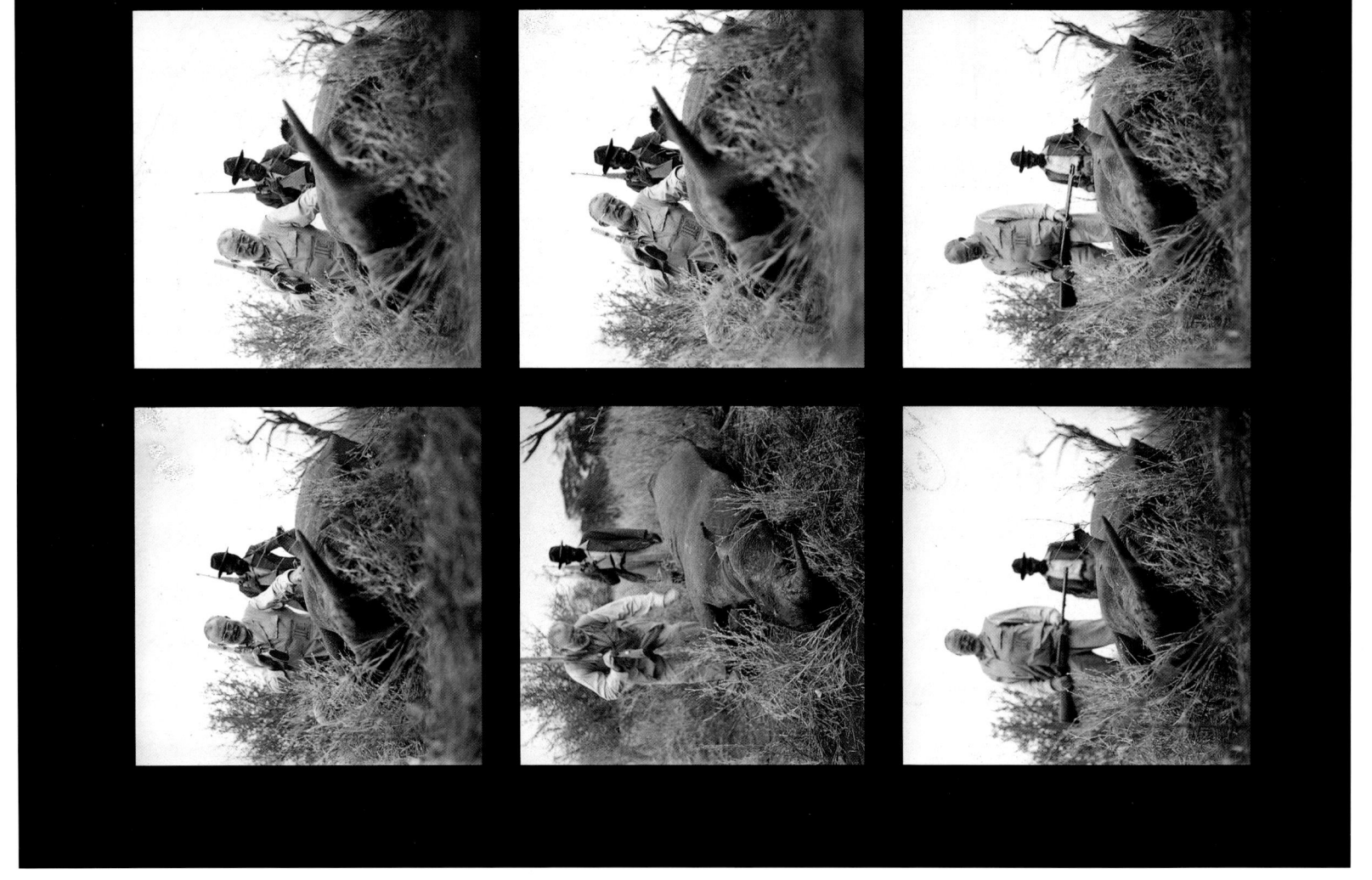

Bilder von
Hemingways zweiter
Safari, 1953–54 in
Afrika, von Earl
Theisen für die
Zeitschrift Look
aufgenommen.
Hemingway, stets
auf sein Image
bedacht, lehnte das
erste Photo ab, auf
dem er das soeben von
ihm erlegte Tier mit
unangebrachtem
Lächeln betrachtet.
Die fünf anderen
Bilder gab er zur
Veröffentlichung frei.

Ein Massai-Krieger
zeigt Hemingway
die korrekte Hand-
habung des Speers.
Er verbrachte den
ganzen Vormittag
damit, die Kunst des
Werfens zu lernen,
und am Abend
bewies er seine
Geschicklichkeit,
indem er mit der
neuen Waffe zwei
Affen erlegte.

Januar 1954. Uganda. Ein paar Dollar wechseln den Besitzer... und Hemingway kann die spitzen Pfeile der Krieger seiner Trophäensammlung einverleiben.

22

sterben, machte ihm Angst. Er hat einmal gesagt: „Ein einsamer Mann — auch wenn er glücklich gewesen ist — stirbt in Verzweiflung." Er heiratete Pauline am 10. Mai 1927. Im März 1928 „schnappte" er sich — immer die beste Art, eine Frau zu behandeln, wie er sagte — und schleppte sie nach Key West, einer winzigen Insel an der Spitze Floridas.

Das literarische Leben in Paris verlor seinen Reiz, und Key West war der ideale Ort, sich zu entspannen. Dort konnte man jagen und fischen; die Luft war sauber, fast immer schien die Sonne. Ernest boxte, schwamm und wanderte, um sich in Form zu halten. Und er lernte zwei Gestalten kennen, die sowohl in seinem Leben als auch in seiner Arbeit eine große Rolle spielen sollten. Auf einer seiner ersten Kreuzfahrten im Golfstrom begegnete er einem gewissen Captain Eddie „Bra" Saunders, der eine spanische Galeone erbeutet hatte. Eddie lehrte ihn das Hochseefischen und brachte ihn auf die Idee für die Novelle *Nach dem Sturm*. Später lernte er Joe Russell kennen, der zwei Dinge besaß, die für Ernest sehr wichtig werden sollten: die Kneipe Sloppy Joe's und das Boot *Anita*.

Im Juni gebar Pauline in Kansas City Hemingways zweiten Sohn Patrick, und im Oktober erschien *Männer ohne Frauen*, eine Sammlung von Kurzgeschichten. Ende November waren sie wieder auf Key West, wo Hemingway die erste Fassung des Romans *In einem anderen Land* abschloß. Er schien sehr zufrieden. Pauline, die vor der Eheschließung für die französische Ausgabe der Zeitschrift *Vogue* gearbeitet hatte, hatte auf ihre weitere Karriere gern verzichtet, um sich ganz ihren Aufgaben als Ehefrau und Mutter widmen zu können. 1928 war für Hemingway in privater wie auch in beruflicher Hinsicht ein gutes Jahr gewesen, doch es endete mit einer Tragödie: am 6. Dezember erfuhr er, daß sein Vater Selbstmord begangen hatte.

Dieser Selbstmord und seine Nachwirkungen steigerten den Groll, den er seiner Mutter gegenüber schon immer empfunden hatte; dennoch zwang er sich, die Revision von *In einem anderen Land* abzuschließen; danach reiste er mit Pauline in Europa herum, von wo sie im Januar 1930 nach Key West zurückkehrten. Im September 1929 war *In einem anderen Land* erschienen, die 31.000 Exemplare der ersten Auflage waren sofort ausverkauft. Das Buch fand auch den Beifall der Kritik und brachte ihn auf einen ersten Höhepunkt seiner Karriere.

Als auf Key West die Hurrikan-Saison begann, fuhr er zum Angeln und Jagen nach Wyoming. Dort hatte er am 1. November 1930 seinen ersten schweren Unfall, dem noch eine Reihe weiterer Unfälle mit Autos und Flugzeugen folgen sollten. Sieben Wochen lang lag er in Billings, Montana, im Krankenhaus; während dieser Zeit ließ er sich den Bart wachsen und freute sich über die Verblüffung, mit der Pauline darauf reagierte: der Bart ließ ihn nicht nur älter aussehen, sondern auch klüger und seriöser.

In Februar 1931 war Pauline zum zweitenmal schwanger, aber das hielt die beiden nicht davon ab, in Spanien und Frankreich herumzureisen. Im November 1931 wurde in Kansas City Hemingways dritter Sohn geboren, Gregory Hancock, meist Gigi genannt. Kurz vor Weihnachten bezog die Familie in der Whitehead Street in Key West ein großes, im Kolonialstil gebautes Haus, das Paulines Onkel Gus Pfeiffer gekauft hatte. Hier beendete Hemingway *Tod am Nachmittag*, seine umfassende Darstellung des Stierkampfes. Das Buch erschien im September 1932 und verkaufte sich anfangs nicht schlecht, brachte ihm aber auch seine ersten schlechten Rezensionen ein, darunter Max Eastmans berühmten Artikel *Bull in the Afternoon*.

Anfang der 30er Jahre entwickelte Hemingway die Persönlichkeit, die ihn zur Legende machte. Er fand es schwierig, mit der Publicity umzugehen, die sein

Unter der gnadenlosen Sonne von Afrika schälte sich Hemingways empfindliche Haut. Der Bart gewährte einigen Schutz, dennoch machte ihm seine Haut ständig Sorgen. Sein kubanischer Arzt diagnostizierte eine „leichte Form von Melanose".

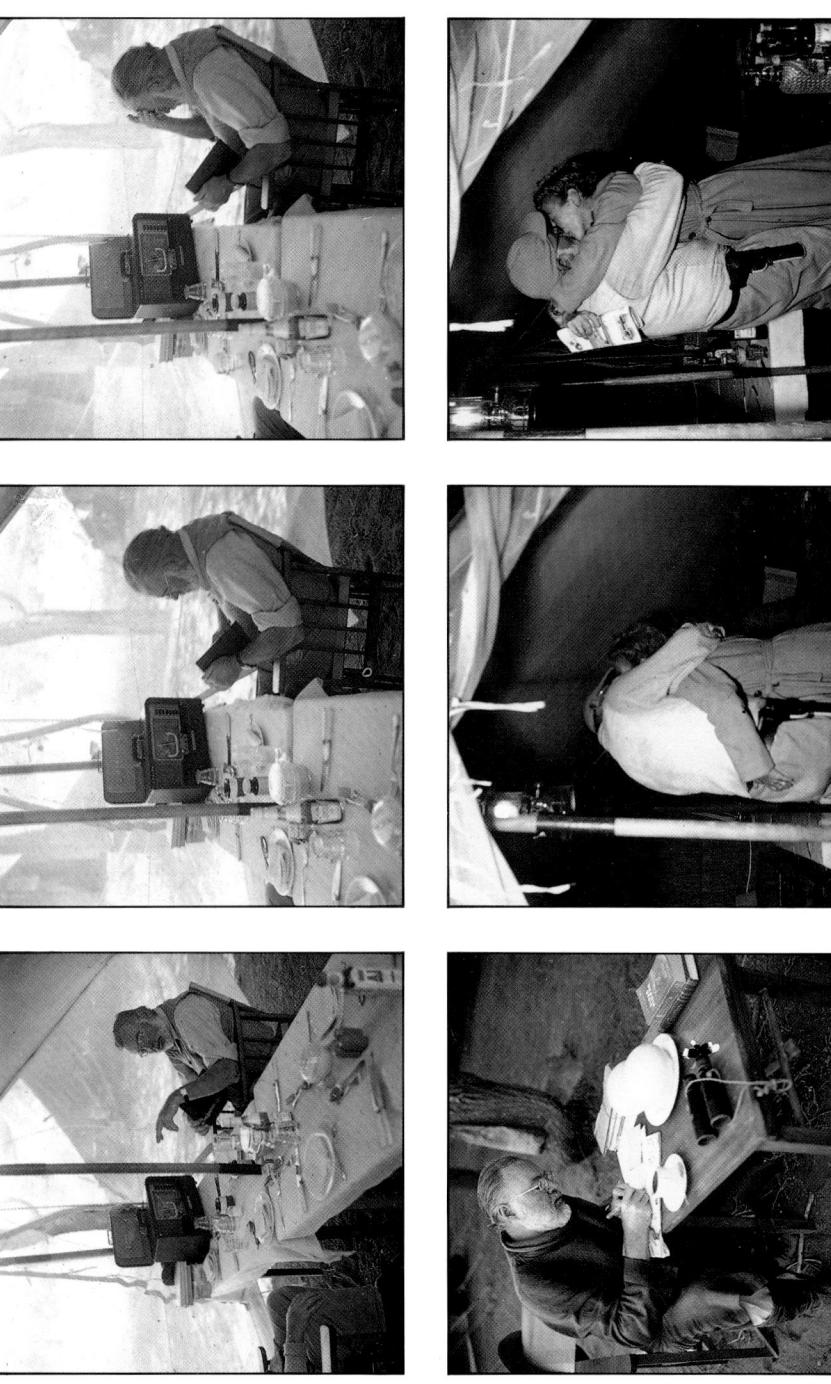

Auch diese Bilder stammen von Hemingways zweiter Safari (1953–54) und wurden von Earl Theisen für Look fotografiert. Von „Tod am Nachmittag" kann kaum die Rede sein. Hemingway vertreibt sich die frühen Abendstunden: er liest, hört Nachrichten auf BBC, schreibt an seinem Tagebuch und

24

genießt einen zärtlichen Augenblick mit
Mary. – Eine Jagdexpedition mit den Massai.
Das Alter eines Löwen erkennt man an seinen
Zähnen. Dieser hier ist ein erwachsenes
Tier.

Um 1929, am Kai von Cojimar bei Havanna. Hemingway hat einen Marlin von 500 Pfund Gewicht gefangen. In der Hand hält er eine Bambusrute, wie sie damals in Mode war. Neben ihm steht Carlos Gutiérrez, der für kurze Zeit als Kapitän auf Hemingways Boot, der Pilar, arbeitete. Gutiérrez soll eines der Vorbilder für Santiago gewesen sein, den Helden in Der alte Mann und das Meer.

Ruhm ihm unvermeidlich einbrachte. Gertrude Stein hat einmal von ihm gesagt: „Er kompensierte seine unglaubliche Schüchternheit und Sensibilität, indem er sich mit einem Panzer aus Brutalität umgab." Und sie fügte hinzu: „Und damit verlor er den Kontakt zu seiner Genialität."

1932 und 1933 begann Hemingway Kuba zu entdecken und fuhr regelmäßig mit Joe Russell dorthin, um von der Nordküste der Insel aus auf Fischfang zu gehen. Ihr Hauptquartier hatten sie im Ambos Mundos Hotel in Havanna, unweit der Floridita Bar, wo Hemingway Stammgast war.

Der Schriftsteller nahm großen Anteil am Kampf der Kubaner gegen den Diktator Gerardo Machado. Im Sommer 1933 fing Hemingway seinen ersten richtig großen Fisch. Obwohl er dem Journalismus vor zehn Jahren abgeschworen hatte, begann er jetzt für die Zeitschrift

Esquire eine Artikelserie über Jagen und Fischen. Nebenher schrieb er die Kurzgeschichten, die im Oktober 1933 unter dem Titel *Der Sieger geht leer aus* erschienen und ihm böse Rezensionen einbrachten.

Von August 1933 bis März 1934 bereisten er und Pauline Europa und Afrika, wo sie den Beginn des neuen Jahres feierten und sich dann auf Safari in die Serengeti begaben. Die Safari begann mit einem Fehlstart: Hemingway zog sich eine Amöbenruhr zu und mußte eilends nach Nairobi zurückgebracht werden. Sobald er sich erholt hatte, schloß er sich den anderen wieder an und erlegte drei Löwen und fast dreißig andere Tiere. Wieder auf Key West, baute er sich ein eigenes Boot, die *Pilar*, und begann mit der Arbeit an *Die grünen Hügel Afrikas*, seiner persönlichen Darstellung der Großwildjagd. Unterdessen erschien im *Cosmopolitan* vom April 1934 der erste Teil der Harry Morgan-Saga, *Frühling*.

1935 gewann er sein erstes Wett-Angeln auf Bimini, das zu den Bahamas gehört. Ausländer waren auf Bimini wenig beliebt, und Hemingways Sieg beschwor einigen Ärger herauf. Um den einheimischen Fischern eine Chance zu geben, ihre Verstimmung abzureagieren, machte er ihnen ein Angebot: 200 Dollar für jeden, der es schaffte, vier Runden im Ring gegen ihn standzuhalten. Niemand brachte das Kunststück fertig. Ein andermal boxte er am Strand vor einer Menge begeisterter Zuschauer gegen Tom Heeney, den britischen Schwergewichtschampion. Nach einigen Runden sagte Hemingway zu seinem Gegner: „So ein Quatsch. Wir werden nicht mal dafür bezahlt! Wenn wir schon so eine Show abziehen, sollten wir wenigstens ein paar Dollar dafür kriegen."

In diesem Jahr erschien in der Septemberausgabe der kommunistischen Zeitschrift *New Masses* sein Artikel „Wer ermordete die Veteranen?". Darin schilderte er, wie wäh-

rend des verheerenden Hurrikans, der am 2. September 1935 die *Matecumbe Keys* heimgesucht hatte, Hunderte von Kriegsveteranen in einen sinnlosen Tod geschickt worden waren. Im Oktober 1935 erschien *Die grünen Hügel Afrikas*, und wieder hagelte es ungünstige Kritiken. Im folgenden Februar druckte *Esquire* die Fortsetzung der Harry-Morgan-Story *The Tradesman's Return* ab. Ebenfalls 1936 erschienen Hemingways beste und beliebteste Afrika-Erzählungen: *Schnee auf dem Kilimandscharo* und *Das kurze glückliche Leben des Francis Macomber*.

Im Dezember 1936 lernte Hemingway in Sloppy Joe's Bar die Journalistin und Schriftstellerin Martha Gellhorn kennen. Es war auf beiden Seiten Liebe auf den ersten Blick. Beide versuchten, die Affäre geheimzuhalten, planten aber schon, gemeinsam nach Spanien zu gehen, um über den Bürgerkrieg zu berichten. Von März 1937 bis November 1938 reiste Hemingway als Kriegskorrespon-

Um 1955, an der Nordküste Kubas. Hemingway holt mit befreundeten Fischern ein Schleppnetz ein. Mit diesen Netzen werden Köder gefangen: hier wird nicht zum Vergnügen gefischt, sondern dies gehört zu der harten Arbeit der Männer, die traditionell von der See leben.

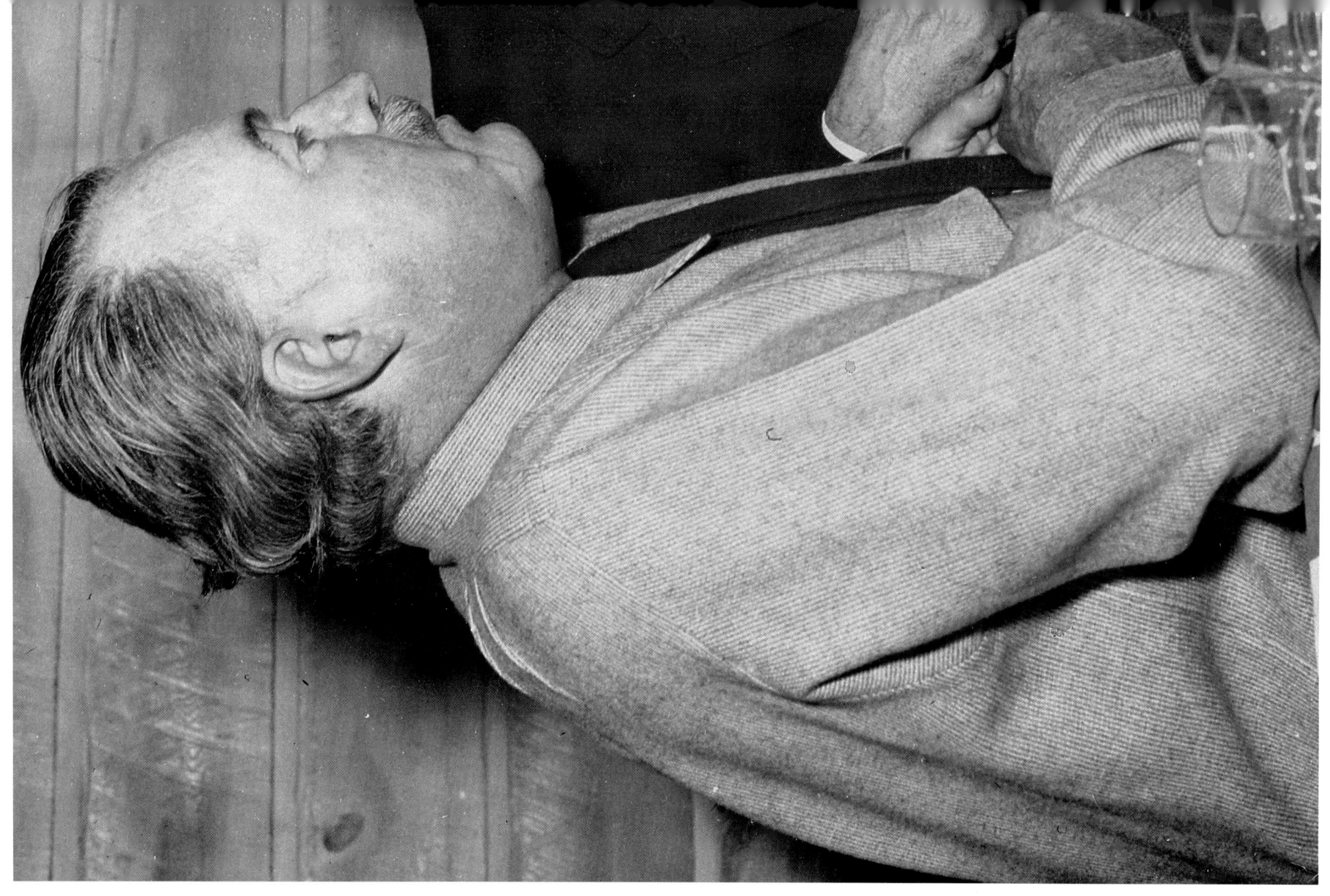

10. Januar 1948, Sun
Valley, Idaho.
Hemingway trifft sich
während eines
Wintersporturlaubs
mit Gary Cooper und
Ingrid Bergman.
Kennengelernt hatte er
die beiden bei den
Drebarbeiten zu Wem
die Stunde schlägt.

28

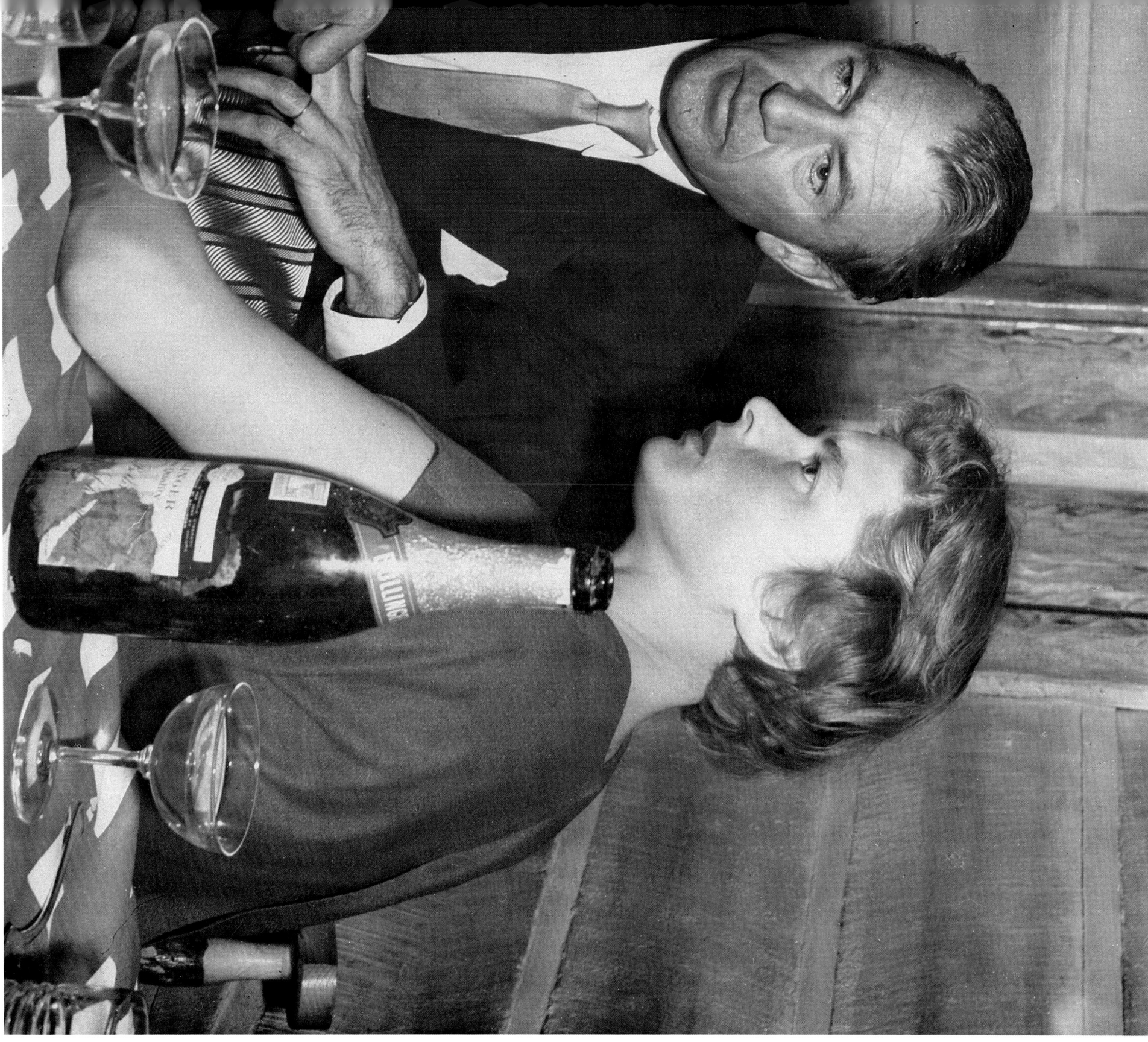

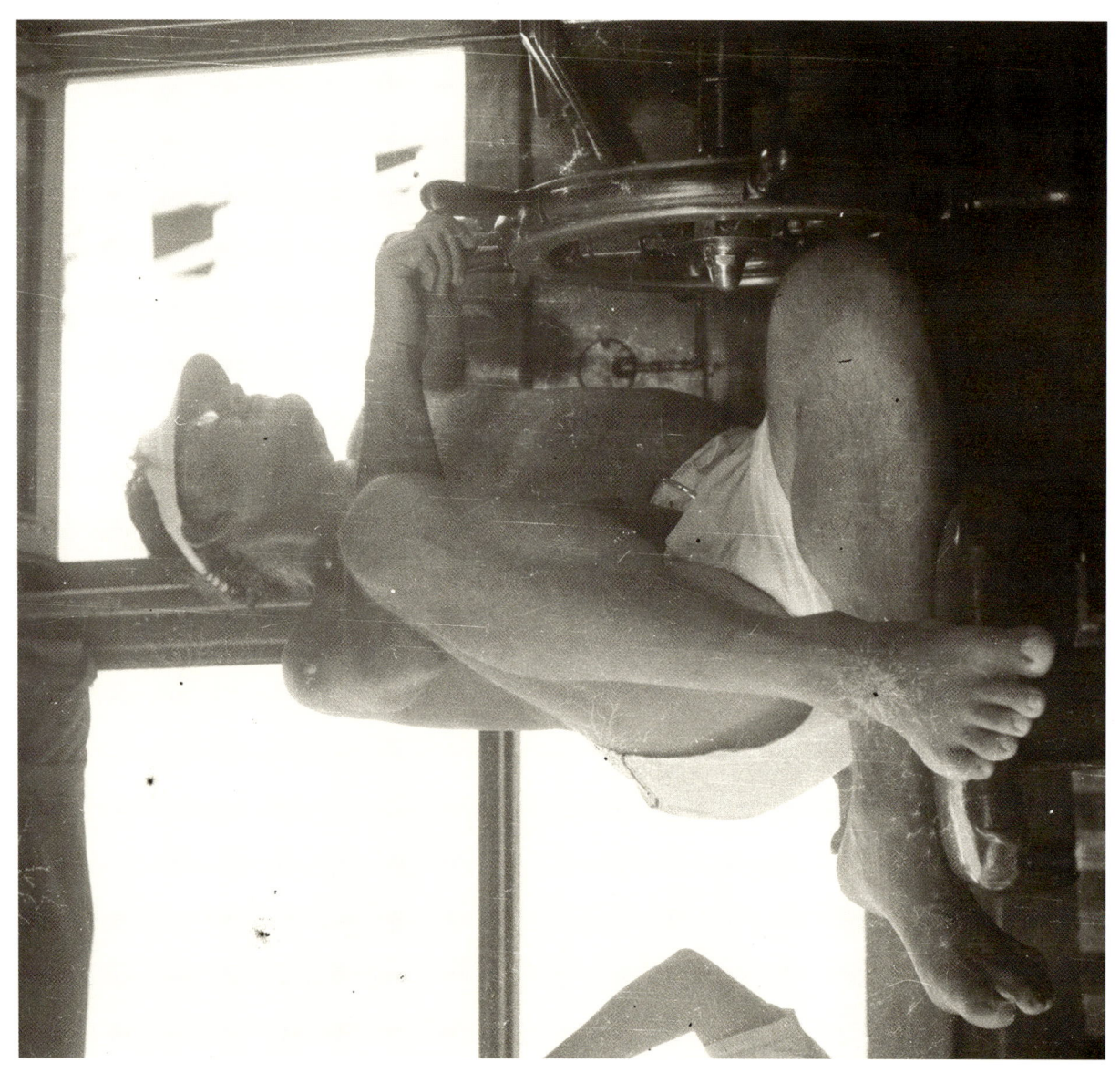

dent im Auftrag der N.A.N.A. (North American Newspaper Alliance) insgesamt viermal dorthin. Im März 1937 stieß Martha zu ihm, die in Madrid für die Zeitschrift *Collier's* arbeitete. Martha beschrieb ihr Liebesverhältnis so: „Er ist im tiefsten Innern ein Romantiker, und wenn er sich verliebt, dann völlig spontan und aufrichtig. Er hat etwas gegen Flirts, dazu ist er viel zu puritanisch. Wenn er verliebt ist, möchte er auch gleich heiraten."

Während seiner ersten Spanienreise (März bis Mai 1937) wirkte Hemingway bei der Herstellung des Dokumentarfilms *The Spanish Earth* mit. Nach seiner Rückkehr in die Vereinigten Staaten hielt er am 4. Juni 1937 in der Carnegie Hall vor einer Versammlung der League of American Writers seine erste politische Rede und fuhr anschließend nach Hollywood, um Spenden zum Kauf von Krankenwagen für die spanischen Republikaner zu sammeln. Im Juni 1937 schloß er die Arbeit an dem Harry-Morgan-Roman, *Haben und Nichthaben*, endgültig ab – im Jahr zuvor hatte er einen dritten Teil geschrieben – und brach wieder nach Spanien auf. Das Buch erschien im Herbst und wurde in den ersten fünf Monaten trotz schlechter Kritiken 36.000 mal verkauft. Im Herbst 1937 schrieb er in einem Madrider Hotel sein einziges Schauspiel, *Die fünfte Kolonne*.

Als er im November 1938 aus Spanien abreiste, war seine zweite Ehe am Ende; aber erst im September 1939 kam es zur endgültigen Trennung von Pauline. Wieder quälten ihn Schuldgefühle. In dieser Stimmung begann er die Arbeit an *Wem die Stunde schlägt*. Ein großer Teil dieses Buchs ist unterwegs entstanden: unter anderem im Ambos Mundos Hotel in Havanna und auf der Finca Vigía, einem Haus außerhalb der Stadt, das er und Martha im April 1939 gemietet hatten. Der Roman erschien im Oktober 1940 und erntete begeisterte Kritiken; in den ersten fünf Monaten wurden 500.000 Exemplare verkauft, was Hemingway genug Geld einbrachte, um die Finca Vigía kaufen zu können.

Nach der Scheidung von Pauline heiratete er am 21. November 1940 Martha Gellhorn. Doch bereits im Januar 1941, als sie in den Fernen Osten aufbrachen, um über Tschiang Kai-scheks Krieg gegen Japan zu berichten, kam es zu ersten Spannungen. Hemingway konnte nicht akzeptieren, daß Martha ihre Karriere so wichtig war. Sie hatte einen Auftrag von *Collier's* in der Tasche, also besorgte er sich einen Auftrag von der Zeitschrift *PM*. Die Chinareise glättete die Wogen fürs erste, doch als er nach Kuba zurückgekehrt war, begann er, sich treiben zu lassen. Martha war oft unterwegs – etwa als Kriegsberichterstatterin in England –, und er verbrachte immer mehr Zeit mit der Fischerei, mit kubanischen Freunden und mit der Jagd in Sun Valley, Idaho, seinem neuen Herbstwohnsitz.

Als im August 1942 die Amerikaner als Alliierte der Briten in den Zweiten Weltkrieg eintraten, gründete Hemingway die Crook Factory, ein Privatunternehmen, das die Auskundschaftung der kubanischen Nazi-Sympathisanten zum Ziel hatte. Hauptquartier war die Finca Vigía, und bis April 1943 sammelten die selbsternannten Geheimagenten – Fischer, Priester, Kellner, Zuhälter und Huren – Informationen über die spanischen Falangisten auf der Insel. Nachdem die Organisation schließlich aufgelöst wurde, konzentrierte sich Hemingway auf das Aufspüren deutscher U-Boote, die in der Umgebung von Kuba ihr Unwesen treiben möchten.

Manuel Bell, der jedem Fischer am Golfstrom unter dem Namen Blacamán bekannt ist, erinnerte sich später: „Papa baute sein Boot zu einem gepanzerten Zerstörer um und machte Inspektionsfahrten entlang der Küste bis Camagüey und bis zu den östlichen Keys im Golf von Mexiko." Tag und Nacht war Hemingway auf seinem Boot. Wenn ihm Nahrung oder Treibstoff ausgingen, kehrte er nach Havanna zurück, nahm neue Vorräte an Bord und brach von neuem auf.

Diesem Zeitvertreib widmete er sich mit Unterbrechungen bis März 1944; im Mai traf er als Kriegskorrespondent für *Collier's* in London ein: Martha hatte ihn gedrängt, eine engagiertere Rolle in dem Konflikt zu übernehmen. Kurz nach der Ankunft hatte er einen schweren Autounfall und wurde bereits von einigen Zeitungen für tot erklärt. Ebenfalls im Mai 1944 lernte er in London Mary Welsh kennen: wieder war es Liebe auf den ersten Blick. Martha hatte sich in London mit ihm getroffen, aber es stand sehr schlecht zwischen ihnen.

Von Juni bis Dezember 1944 berichtete Hemingway für *Collier's* von den europäischen Kriegsschauplätzen. Offiziell war er der Dritten Armee zugeteilt, aber er beteiligte sich auch an Aufklärungsflügen und Bombenangriffen der RAF, und als er im August der Vierten Infanteriedivision bei ihrem Vormarsch durch die Normandie folgte, tat er dies nicht nur in der Rolle des Zuschauers. Seine Artikel wurden zum Vorwand, stets an der Front zu bleiben.

„Wie kommt es, daß ein Mann, der so alt und klug ist wie Sie und der so viele Kampfnarben hat, nur den Rang eines Captains hat" wurde er von einem französischen Widerstandskämpfer gefragt.

„*Mon vieux*, ich will Ihnen die schlichte und schmerzliche Wahrheit sagen. Ich habe eben nie Lesen und Schreiben gelernt", erwiderte Hemingway.

Schließlich beteiligte er sich so offen an Kampfhandlungen, daß die Armee gezwungen war, ihn wegen Verstoßes gegen die Genfer Konvention vor eine Untersuchungskommission zu stellen. (1947 wurde ihm dann für seine Dienste als Kriegskorrespondent der Bronze Star verliehen.) Sehr behutsamer Umgang mit der Wahrheit verhalf ihm zum Freispruch, worauf er zu Colonel Lanham und der Vierten Infanteriedivision zurückkehrte und im November-Dezember 1944 an den heftigen Kämpfen im Hürtgenwald teilnehmen konnte.

Anfang Januar 1945 war er mit Mary Welsh wieder in Paris. Seine dritte Ehe war faktisch beendet, und Mary

Um 1949, am Ruder der Pilar. Der Golfstrom ist ruhig, und Hemingway betrachtet den Horizont. Seine Erfahrungen als Seemann, Fischer und Kriegsberichterstatter im Range eines „Captain" im Krieg inspirierten ihn zu vielen seiner Werke.

überlegte schon, ob sie ihn heiraten sollte oder nicht. Er blieb nicht in Europa, um den Waffenstillstand mitzuerleben, sondern kehrte im März 1945 nach kurzem Zwischenaufenthalt in New York auf die Finca Vigía zurück. Mary folgte ihm dorthin, aber es fiel ihm schwer, sich wieder im Frieden einzurichten und sich mit dem Scheitern auch seiner dritten Ehe abzufinden, und im Juni hatte er, nach allzu vielen Daiquiris in der Floridita Bar, auf dem Heimweg zur Finca einen weiteren schweren Autounfall. Als das Scheidungsverfahren abgeschlossen war, konnten er und Mary am 14. März 1946 heiraten. Mary war die Tochter eines Holzhändlers aus Minnesota und hatte an der Northwestern University studiert, bevor sie als Gesellschaftsreporterin für die *Chicago Daily News* arbeitete.

1946 begann Hemingway zwei Projekte: *Der Garten Eden* (erschienen 1986) und den ersten Teil einer geplanten Trilogie über den Zweiten Weltkrieg (posthum unter dem Titel *Inseln im Strom* erschienen). Sein Gesundheitszustand verschlechterte sich, und er trank zuviel. Das Schreiben machte ihm Mühe. Zwischen 1947 und 1952 starben mehrere Menschen, die ihm sehr nahe gestanden hatten: zuerst sein Lektor Max Perkins; dann seine Mutter; dann Pauline Pfeiffer und sein Verleger Charles Scribner. Sein zweiter Sohn Patrick machte 1947 eine schlimme Krankheit durch. Hemingway schrieb weiter und beteiligte sich auch an einer Verschwörung gegen den dominikanischen Diktator Trujillo; im Oktober 1947 durchsuchte eine Polizeistaffel die Finca und beschlagnahmte seine Schußwaffen.

Im September 1948 brachen die Hemingways zu einer Reise nach Norditalien auf, wo er noch einmal die Orte besuchte, an denen er 1918 stationiert gewesen war. Im Dezember verliebte er sich auf einem Jagdausflug in die junge und schöne Adriana Ivancich.

Den Sommer 1949 verbrachte er auf Kuba, ging aber im November wieder nach Europa und blieb dort bis März 1950. Er schrieb unablässig weiter. *Über den Fluß und in die Wälder*, der von Adriana inspirierte Roman, wurde bei seinem Erscheinen im September 1950 von der Kritik verrissen. Als wenig später Adriana und ihre Mutter zu einem dreimonatigen Besuch auf der Finca eintrafen, waren sie peinlich berührt von der Publicity, die dieses Buch ihnen eingebracht hatte. Hemingway, verbittert und mutlos, nahm die Arbeit am ersten Teil seiner Kriegs-Trilogie wieder auf, legte sie dann aber beiseite und schrieb die Novelle *Der alte Mann und das Meer*; kurz nach Adrianas Abreise aus Kuba war er damit fertig. Als die Erzählung im September 1952 erschien, war seine Popularität als Schriftsteller schlagartig wiederhergestellt; das Buch emporte die begeisterte Kritiken und wurde ein Bestseller. Im Mai 1953 wurde ihm für die Geschichte von Santiago, dem alten Fischer, der Pulitzer-Preis verliehen.

Im Monat darauf fuhren die Hemingways nach Europa, reisten eine Zeitlang durch Spanien – Hemingway plante einen Anhang zu *Tod am Nachmittag* – und anschließend nach Mombasa, dem Ausgangspunkt seiner zweiten Safari. Die Zeitschrift *Look* hatte ihm ein statt-

Kuba, 1955. Mit Spencer Tracy auf der Suche nach Drehorten für die Verfilmung von Der alte Mann und das Meer.

Havanna, 1951. Silvesterfeier in der Floridita Bar. Um Mitternacht bringt Gary Cooper den Toast aus: „Glückliches neues Jahr, Ernesto..." Und 1952 sollte tatsächlich ein glückliches Jahr werden, zumindest für Hemingway den Schriftsteller: am 8. September erschien Der alte Mann und das Meer und wurde mit Beifall überschüttet. Rechts hinter Hemingway steht sein Fahrer Juan Pastor, der seinen Boss nach schweren Trinkgelagen in der Floridita Bar, Hemingways Stammkneipe, regelmäßig nach Hause brachte.

34

1949 mit Mary in
Venedig. Zu dieser Zeit
war er in die junge
italienische Gräfin
Adriana Ivancich
verliebt, die ihn zu der
Gestalt der Renata in
Über den Fluß und in
die Wälder inspirierte.

28. Oktober 1954.
Die High Society von
Havanna feiert
Hemingways
Nobelpreis. Mittags
hatte es auf der Finca
Vigía eine formlose
Feier mit den Fischern
von Cojímar und
den Einwohnern von
San Francisco de
Paula gegeben.

ches Honorar für einen Artikel angeboten; die Fotos dazu sollten von Earl Theisen gemacht werden. Der Auftrag gefiel ihm nicht, und er ließ sich Zeit damit, lebte unter Eingeborenen und machte dem jungen Wakamba-Mädchen Debba in aller Form den Hof. Die Serie seiner Auto- und Flugzeugunfälle riß auch hier nicht ab. Im Januar 1954 stürzten er und Mary gleich zweimal mit dem Flugzeug ab, worauf die Zeitungen seinen Tod meldeten. Nach dem zweiten, wesentlich schwereren Unfall schickte er von seinem Krankenhausbett in Nairobi aus ein Telegramm an die Presse, in dem er Mark Twains berühmte Worte zitierte: „Die Meldungen über meinen Tod sind reichlich übertrieben." Noch nicht ganz von seinen Verletzungen genesen, kehrte er im Juli über Venedig (wo er Adriana zum letztenmal in seinem Leben sah) und Spanien nach Kuba zurück.

Am 28. Oktober 1954 erhielt Hemingway den Nobelpreis für Literatur. Seine kubanischen Freunde kamen in Scharen zur Finca Vigía. Er begrüßte sie mit Scherzen, Drinks und einem riesigen Büfett. Danach hielt er eine Rede: „Ihr wißt, es gibt nicht nur ein Kuba, sondern mehrere Kubas. Wie das alte Gallien kann man die Insel in drei

Sorten von Leuten einteilen: die, die nicht genug zu essen bekommen; die, die genug zu essen bekommen, und die, die sich überfressen. Nach diesem reizenden Lunch gehören wir zweifellos in die dritte Kategorie, jedenfalls bis auf weiteres." Er schloß mit der Ankündigung, er werde seine Nobelpreis-Medaille dem Heiligtum der Nationalheiligen stiften, der *Virgen de la Caridad del Cobre,* und fügte hinzu, daß niemand ihm die 35.000 Dollar Preisgeld werde stehlen können, da er sie bis jetzt noch nicht erhalten habe.

Unterdessen litt er sehr darunter, wie langsam seine Verletzungen heilten. Und da er häufig furchtbare Schmerzen hatte, bat er den amerikanischen Botschafter in Schweden, den Preis für ihn entgegenzunehmen und vor der schwedischen Akademie eine kurze Dankadresse zu verlesen: „Schreiben bedeutet bestenfalls ein einsames Leben. Organisationen für Schriftsteller mildern des Schriftstellers Einsamkeit, aber ich bezweifle, daß sie sein Schreiben verbessern. Verzichtet er auf seine Einsamkeit, so gewinnt er an öffentlichem Ansehen, häufig verliert dann aber sein Werk. Denn arbeiten muß er doch allein.

Und wenn er ein guter Schriftsteller ist, muß er der Ewigkeit oder dem Vergessen jeden Tag ins Auge blicken." Am Tag der Preisübergabe in Stockholm gab er für seine Freunde auf der Finca eine große Party.

Mitte der 50er Jahre arbeitete er an Kurzgeschichten und an einem langen afrikanischen Tagebuch; nichts davon schien ihm zur Veröffentlichung geeignet. Als *Der alte Mann und das Meer* verfilmt wurde, beteiligte er sich an den Dreharbeiten. Von September 1956 bis Januar 1957 war er in Europa, und im Mai 1959, einen Monat nach dem Einmarsch der Truppen Fidel Castros in Havanna, reiste er noch einmal nach Spanien. Er hatte von der Zeitschrift *Life* den Auftrag für eine Artikelserie über den Stierkampf erhalten; Titel: „Der gefährliche Sommer". Als er Anfang November nach Havanna zurückkehrte, erklärte er öffentlich seine Sympathie für die Revolutionäre.

September 1955. Hemingway und Mary
machen Spencer Tracy mit der Floridita Bar
bekannt. Am Strand von Cojímar hatten die
Dreharbeiten zu Der alte Mann und das Meer
begonnen, aber es gelang dem Team nicht,
einen so großen Fisch zu fangen wie
Santiago, der Held der Erzählung.

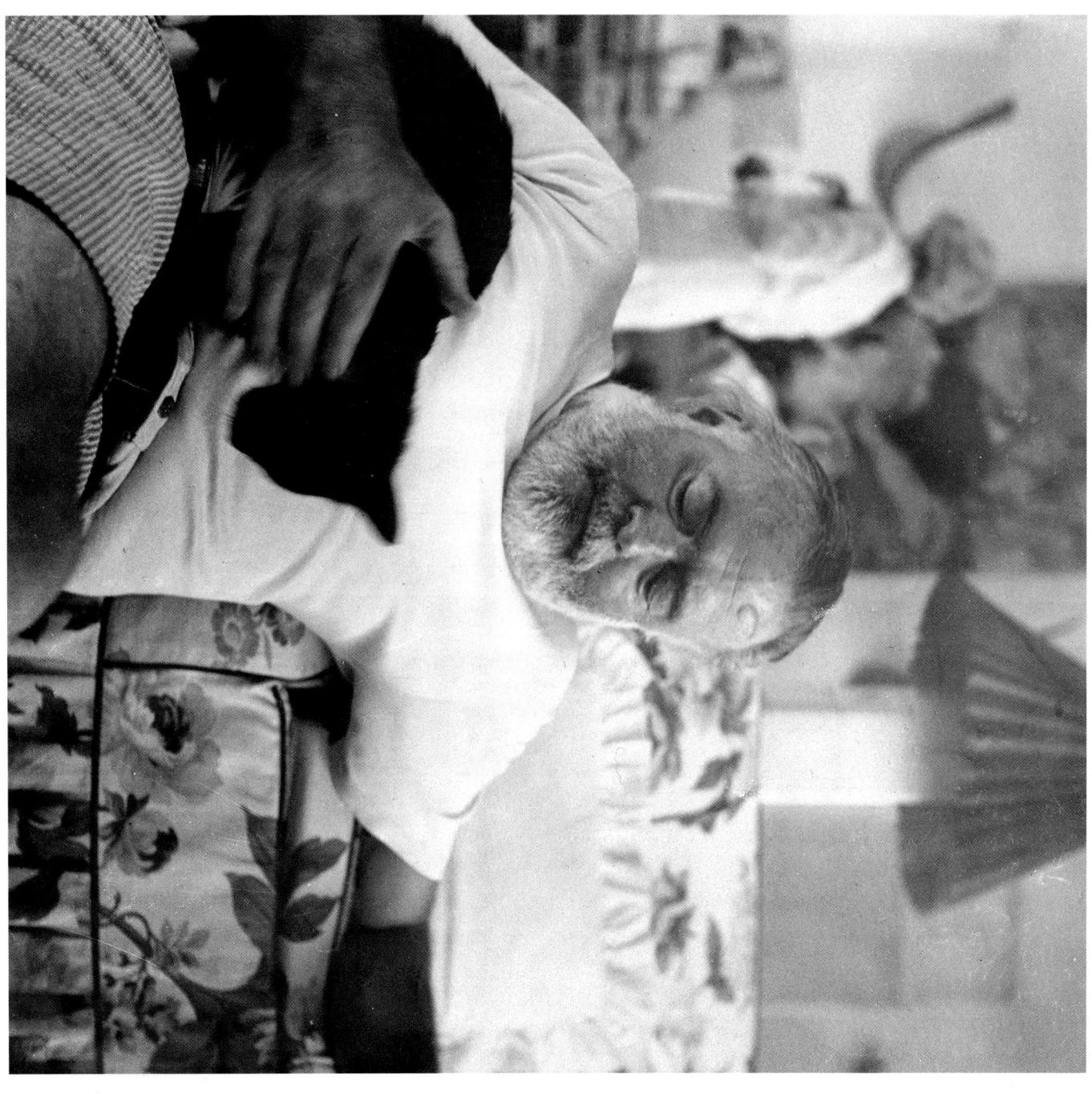

Hemingway um 1954 mit einem seiner Hunde auf der Finca Vigía. Trotz seiner Vorliebe für Großwildjagd und Angeln war Hemingway ein großer Tierfreund und pflegte jedes verwundete Tier, das den Weg in seinen Garten fand.

Ein Blick, den man für arrogant halten könnte; aber wahrscheinlich schaut er nur deshalb so drein, weil er eben ein halbes Dutzend Daiquiris und ein großes Glas Scotch getrunken hat. So gut wie täglich machte Hemingway mit drei oder vier Freunden drei oder vier Flaschen Whisky leer. Es schien ihm nie zu viel zu werden.

Hemingways wahre Natur wird nirgends deutlicher sichtbar als auf den Fotos, die ihn auf der Jagd, beim Fischen oder auf dem Schlachtfeld zeigen. Ob man ihn mit der Tycoon-Angel beim Kampf mit einem Speerfisch oder mit der österreichischen Mannlicher Schönauer Kaliber .256 auf Elefantenjagd sieht – diese Bilder scheinen etwas Wahres festzuhalten. Sie zeigen den Hemingway, an den wir uns erinnern: einen bärtigen Riesen in Bermudashorts und ausgelatschten Schuhen, einen stets erkennbaren überlebensgroßen Helden unserer Zeit.

Ein berühmtes Foto zeigt ihn von oben in seinem Wyllis-Jeep, er trägt einen Helm und eine schlammbespritzte Uniform ohne Rangabzeichen. Es wurde im Winter 1944 aufgenommen. Hemingway folgte als Kriegskorrespondent der 4. amerikanischen Infanteriedivision auf dem Vormarsch zur deutschen Grenze. Sein Fahrer war ein rothaariger Draufgänger namens Archie „Red" Pelkey; er stammte aus Potsdam im Bundesstaat New York und hatte alles stehen und liegen lassen, um sich an diesem Krieg zu beteiligen. General Raymond Oscar Barton hatte ihn angewiesen, für Hemingways Sicherheit zu sorgen und ihn von den Kampfgebieten möglichst fernzuhalten. Zuerst hatten die beiden einen Mercedes Benz gefahren, den man kurz nach der Landung in der Normandie den Deutschen abgenommen hatte; jetzt hatten sie einen brandneuen Wyllis requiriert.

Solche Bilder scheinen die Legende Hemingway zu bestätigen. Tatsächlich verhüllen sie aber einen Aspekt der Wahrheit: hinter den Schlammspritzern und dem breiten Lächeln versteckt sich ein bitter enttäuschter Mensch.

Zunächst einmal stelle man ihn sich vor: er ist auf dem Weg zum Hürtgenwald zwischen Aachen und Bonn, einer der Hauptverteidigungslinien der Nazis, und er trägt keine Waffe. Die Thompson-Maschinenpistole liegt nicht mehr, wie noch wenige Wochen zuvor, auf seinem Schoß. Inzwischen hatte es eine gerichtliche Untersuchung seines Verhaltens als Kriegskorrespondent gegeben, und jetzt ist es besser für ihn, seine MP unter dem Vordersitz des Jeeps versteckt zu halten. Die Genfer Konvention erwartet von Kriegskorrespondenten Neutralität, und Hemingway mußte sich am 6. Oktober in Nancy vor einer Heereskommission gegen den Vorwurf zur Wehr setzen, gegen diese Vorschrift verstoßen zu haben. Im einzelnen wurde ihm vorgehalten, er habe in Rambouillet, 23 Meilen südwestlich von Paris, „die Korrespondenten-Abzeichen von seiner Uniform entfernt und das Kommando über französische Partisanen übernommen; in seinem Zimmer bewahre er Minen, Granaten und Kriegskarten auf; er habe Spähtrupps der Partisanen geleitet..."

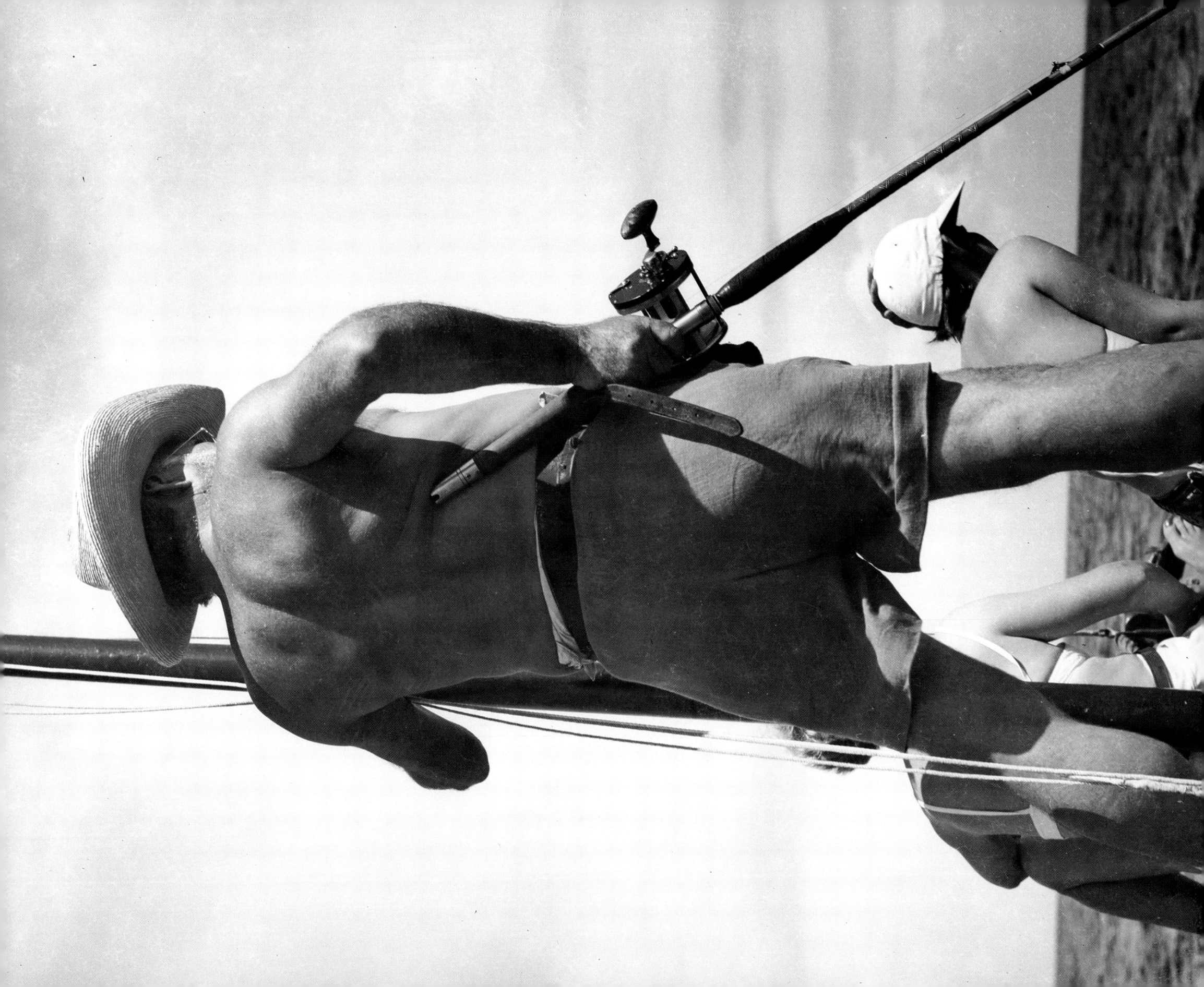

Drei Zeugenaussagen und einige sorgfältig formulierte Erklärungen seinerseits halfen ihm aus der Patsche. Nach seinem Freispruch erklärte er lachend, er werde sich den Text der Genfer Konvention auf den Rücken tätowieren lassen, um ihn in Zukunft immer bei sich zu haben. Aber er wußte, daß ihm die Ausweisung drohte, falls man ihn noch einmal ertappte, und schimpfte unter Freunden wütend über diese „nichtswürdigen" Verhaltensmaßregeln.

Es quälte ihn furchtbar, unbewaffnet zusehen zu müssen, wie seine Freunde sich mit dem Gegner herumschlugen. Und es behagte ihm auch gar nicht, daß seine ehrgeizige Frau im selben Gebiet wie er als Kriegskorrespondentin für die Alliierten arbeitete. Schon lange bevor er mit Martha Gellhorn, seiner dritten Frau, im Frühjahr 1944 nach Europa ging, war die Ehe in eine ernste Krise geraten. Er hatte sie leidenschaftlich geliebt, konnte aber nicht

ertragen, daß sie nicht bereit war, ihn zum Mittelpunkt ihres Lebens zu machen, wie es seine ersten beiden Frauen getan hatten. Später faßte er dieses Dilemma so zusammen: „Ich brauche eine Frau im Bett und nicht in weltweit verkauften Zeitschriften." Als er Ende Mai 1944 in London Mary Welsh kennenlernte, begann er über die Möglichkeit eines Lebens ohne Martha nachzudenken; doch fiel es ihm nicht leicht, die Beziehung zu beenden. Hin- und hergerissen zwischen Martha Gellhorn und Mary Welsh, durchlebte er eine quälende Zeit der Ungewißheit.

Noch mehr deprimierte ihn, daß seine literarische Produktion praktisch auf Null geschrumpft war. Nicht seine journalistische, wohl aber seine schriftstellerische Karriere schien am Ende. Eine Tatsache, die jedem mehr oder weniger bewußt war. Seine früheren Werke erschienen ihm wie eine ungeheuer hohe Mauer, die er ganz allein, ohne

Ein moderner Gott des Golfstroms.

Für Hemingway war das Meer nicht nur ein Schlachtfeld, sondern auch ein friedliches Zuhause. Nach einem harten Tagewerk auf See pflegte er sich an den Stränden östlich von Havanna beim Schwimmen zu entspannen.

jede fremde Hilfe, noch einmal würde erklettern müssen.

Das Leben verlangte, daß er die Rolle des harten Burschen zu Ende spielte. Und harte Burschen müssen gewisse Regeln beachten, auch wenn ihr persönlicher Kodex mit einiger Sicherheit auf Unwahrheit beruht und die Ergebnisse trügerisch sind. Manche Leute bewundern diesen Kodex; andere finden ihn absurd. William Faulkner hat einmal gesagt, Hemingways Figuren seien durchweg „Leute, die aus sich selbst heraus leben"; ihre Erfolge und Mißerfolge hingen allein von ihnen selbst ab und dienten lediglich dem Zweck, „zu beweisen, was für harte Burschen sie sind".

Dennoch hatte er nicht ständig Adrenalin im Blut. Auch harte Burschen müssen sich ausspannen und zu einmal ausspannen. Zwischen den körperlichen und seelischen Qualen. Zwischen den Zeiten der Ruhe. Mit derben Späßen und Wortspielereien gelang es Hemingway, sich ein wenig zu trösten.

Da gab es zum Beispiel den Jäger Hemingway, der mitten im afrikanischen Busch mit einer Herde schweigsamer, jedoch offenbar schlechtgelaunter Elefanten ein Gespräch anzufangen versuchte; oder den Schriftsteller Hemingway, der im Interview mit einer höchst seriösen Zeitschrift (*La Revue de Paris*) feierlich erklärte, Ezra

Pounds Name sei das Pseudonym des St. Elizabeth's Hospitals.

In einem langen Brief an Mary Welsh vom 16.–20. November 1944 schilderte Hemingway die heftigen Gefechte im Hürtgenwald. Im Verlauf ihrer letzten Winteroffensive leisteten die Deutschen der Vierten Division erbitterten Widerstand: „Die Krauts sind geschlagen, und wir müssen uns nur noch hier durchschlagen – Aber es ist, als ob man einem alten Pitcher gegenübersteht, der immer noch für 4 Innings gut ist – oder einem alten Boxer, der immer noch 4 von 10 Runden durchstehen kann – oder sogar sechs."

In dieser Situation beschloß Hemingway, eine neue Erfindung auszuprobieren. Das Experiment wurde auf einem zerstörten Bauernhof in der Nähe des Hürtgenwaldes durchgeführt, einem gefährlichen Gelände für sein Publikum, die Mitglieder der „Spezialeinheit Hemingway", zu der unter anderem Colonel Lanham und Archie Pelkey gehörten. Die Männer genossen bei der Vierten Division und vor allem bei Divisionskommandeur General Barton ohnehin bereits einen schlechten Ruf als unverbesserliche Querköpfe.

Hemingways tödliche Waffe war ein improvisierter „Granatwerfer", zusammengebastelt aus einem Ofenrohr und einer Klobrille; die Projektile waren Sektkorken. Hemingway traf damit nicht nur eine vom Feldkoch auf

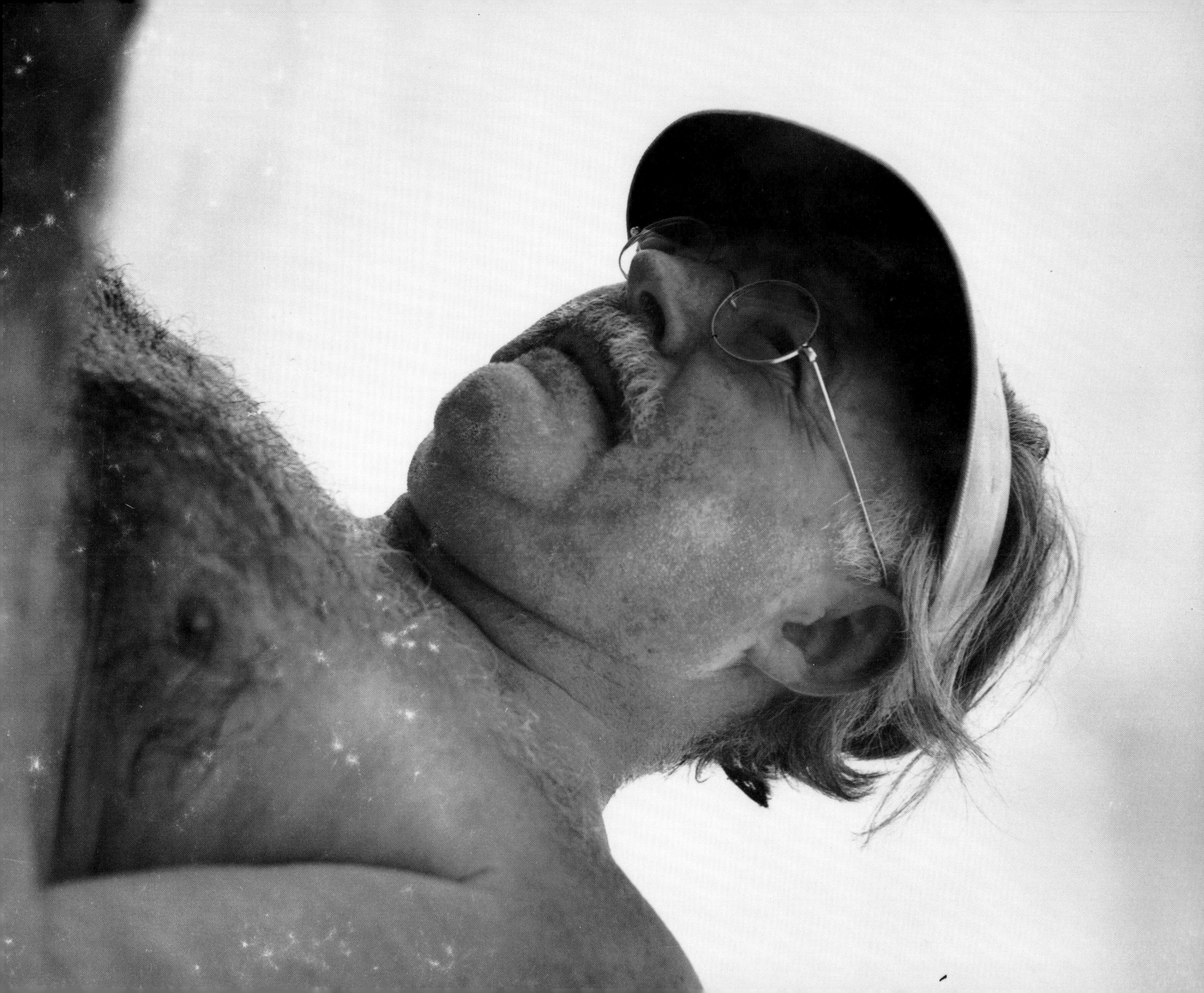

1941, ein Jahr nachdem er die Finca Vigía für 18.500 Dollar gekauft hat, weiht Hemingway die neue große Veranda ein. Das zufriedene Lächeln und das Glas in seiner Hand täuschen über die ebelichen Schwierigkeiten hinweg, die ihn bald von Martha Gellhorn, seiner dritten Frau, entfremden sollten.

Nicht gerade der beste oder würdevolste Blickwinkel, doch immerhin erkennen wir Hemingway bei der Arbeit. Er schrieb meistens im Stehen, in Bermudashorts, ohne Hemd, barfuß oder in Sandalen, und neben sich eine Flasche Vichy Mineralwasser.

Armeslänge gehaltene Zigarette, sondern auch auf die Gefahr hinterm Ohr, den er allerdings zuvor auf die Gefahr hingewiesen hatte. Er war von seinem Erfolg begeistert. Bei solchen kindischen Späßen konnte er sich lebendig fühlen und der rauhen Wirklichkeit entfliehen.

Sogar die beiden Flugzeugabstürze im Januar 1954 gaben ihm Gelegenheit zu Scherzen. Sein Humor half ihm dabei, Situationen zu meistern, die andere in Verlegenheit gebracht hätten. Beim zweiten Absturz wurde er schwer verletzt, er selbst behauptete gar, sein Rückgrat sei „gebrochen". Aufgrund zweier angeknackster Wirbel, die ihm den Schließmuskel zusammendrückten, habe er eine Dauererektion, prahlte er. Außerdem habe er 22 Tage lang keinen Stuhlgang gehabt. Am 23. Tag will er etwas ausgeschieden haben, das wie harte weiße Golfbälle ausgesehen habe. Das amüsierte ihn sehr, und er behauptete, im weiteren Verlauf täglich bis zu 62 Stück von diesen Bällen ausgeschieden zu haben, und zwar im Stehen, wobei er einmal die Kloschlüssel verfehlt habe. Darauf habe seine Frau zu ihm gesagt: „Weißt du nicht, daß Gentlemen nicht auf den Boden machen?" In einem Brief an seinen britischen Verleger Jonathan Cape erzählte Hemingway, was er ihr geantwortet habe: „Na, bist du nicht froh, daß du einen kennst, der es doch tut?"

Hemingway hatte eine Schwäche für Spitznamen, und viele seiner Bekannten bekamen einen. Er hatte auch Spaß an seinen eigenen *nombretes*, wie sie auf Spanisch heißen, und es gab eine Menge davon, zum Beispiel Ernie, Hem, Wemedge, Dr. Hemingstein, Ernest Hämor-

rhoid und Papa, sein Lieblingsname, der der Sage nach von Marlene Dietrich erfunden wurde.

Der Name Papa ist inzwischen ein Synonym für Hemingway und fördert den Absatz von Büchern und Zeitschriften. Aber auch viele Leute, die weder Bücher noch Zeitschriften lasen, kannten ihn als Papa. So nannten sie ihn in den gemütlichen Kneipen von Havanna. So nannten ihn auch die Schmuggler und Fischer an den Küsten von Kuba, Bimini und Florida und die Widerstandskämpfer in Paris und anderswo.

Martha war die einzige seiner Frauen, die sein Privatleben mit aller Entschlossenheit zu schützen suchte. Er hat sich oft über die Neugier der Journalisten, Fotografen und anderer Individuen geärgert, die ihm gnadenlos nachstellten. Aber leider hatte er eine schwache Stelle: er erzählte zu gern Geschichten, und wenn er die Chance bekam, einen Witz zu machen oder von einem Abenteuer zu berichten, in dem natürlich er selbst die Heldenrolle spielte, ließ er sich jedesmal fortreißen.

Auch seine Brotarbeiten – meist für Zeitschriften – machten ihn zu einer bekannten „Figur". Der Journalismus verschaffte ihm Gelegenheit, dorthin zu reisen, wo er hinwollte, ohne selbst dafür zu bezahlen. Wenn er den Auftrag für einen Artikel bekam, wurde ihm nicht selten ein Fotograf gestellt, darunter so bekannte wie Roberto Capa und Earl Theisen. Solche Aufträge vermehrten mithin nicht nur seinen Ruhm, sondern auch die Zahl der Fotos, die es von ihm gab. Heimgekehrt, mußte er sich nur noch

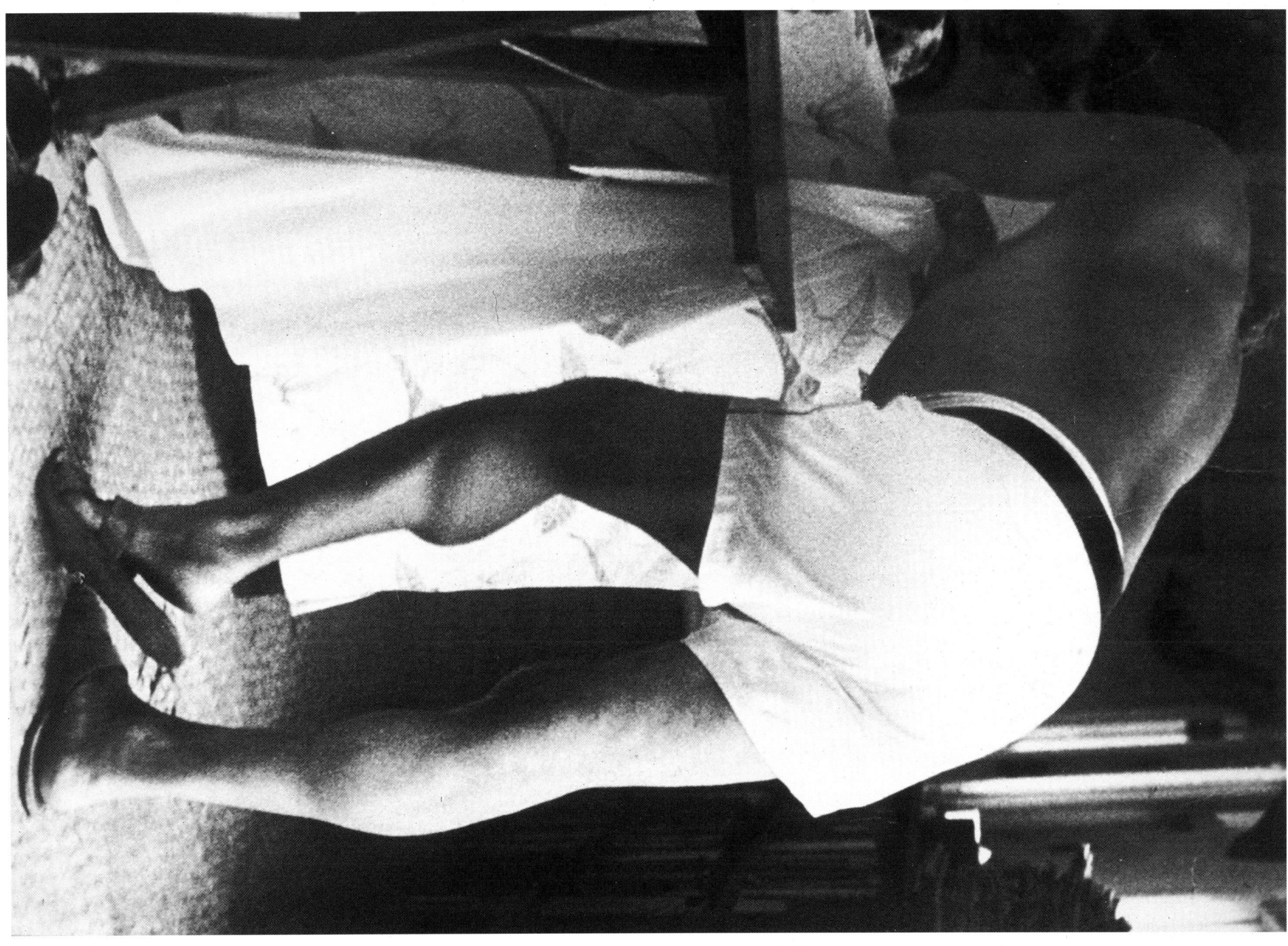

Der Halbgott der amerikanischen Literatur hält Siesta. Seit den frühen Morgenstunden hat Hemingway am Entwurf für Über den Fluß und in die Wälder gearbeitet. Auf der Finca Vigía legte er häufig bis vier oder fünf Uhr nachmittags ein Nickerchen ein.

an seinen Schreibtisch setzen, von seinen Heldentaten prahlen, die vorteilhaftesten Fotos auswählen und seine Trophäen an die Wand hängen.

Und so nahm die Legende Hemingway im Lauf der Zeit gewaltige Ausmaße an. Dem Menschen Hemingway ist nicht zu entrinnen, man findet ihn auf den Schnappschüssen, die seine Freunde gemacht haben, in ihren Anekdoten, in seinen Briefen und vor allem in seinen literarischen Arbeiten.

Schon zu Beginn seiner Karriere wirkten die Rezensenten bei der Erschaffung der Legende vom „Schriftsteller als Helden" mit. Sie suchten den Mann in seinen Schriften und hatten keine Schwierigkeiten, ihn dort zu finden. Philip Young war der erste, dem der enge Zusammenhang zwischen den Fotos des Autors und den in seinen Werken geschilderten Ereignissen auffiel, und er handelte sich eine Menge Ärger ein bei dem Versuch, seine Gedanken in Buchform zu veröffentlichen. Seiner zentralen Theorie zufolge läßt sich Hemingways gesamtes literarisches Werk aus dem Trauma seiner Kriegsverletzung von 1918 ableiten, eine Interpretation, die er mit ausführlichen Zitaten aus den Büchern belegen wollte. Hemingway weigerte sich lange Zeit, ihm die Erlaubnis zur Verwendung dieser Zitate zu geben. Schließlich

mußte der Herausgeber des Buches sich ins Mittel legen; erst seine Erklärung, Young drohe ein beträchtlicher Verdienstausfall, konnte Hemingway zum Einlenken bewegen.

Ich habe einmal einen Abend mit dem Schriftsteller William Kennedy am Strand von Cojímar bei Havanna verbracht. An diesen Strand kommt Santiago, der Held von *Der alte Mann und das Meer,* mit seinem Boot, an dem nur noch die Überreste des riesigen Marlin hängen. Kennedy blickte auf den dunklen Strand, an dem Hemingway noch immer so lebendig ist, und sagte ins Donnern der Brandung: „Er hat die Dinge angepackt. Er hat alles gepackt und sich angeeignet, alles was er kannte…"

Hemingway verwendete jeden Stoff, der ihm in die Hände fiel. Dabei ging er manchmal zu weit. Einmal zum Beispiel besuchte er Ring Lardners Sohn in einem spanischen Krankenhaus und schrieb unmittelbar danach die anrührende Geschichte vom Besuch eines großen Mannes bei einem verwundeten jungen Amerikaner, der heldenhaft im Bürgerkrieg gekämpft hat. Der Junge begrüßt den berühmten Schriftsteller und bittet ihn um Rat; der Schriftsteller versucht, den jungen Mann freundlich, aber unaufdringlich wieder aufzurichten. Seine Anteilnahme bewegt uns, bis uns einfällt, daß Hemingway einen Vor-

In der Einsamkeit
von Puerto Escondido,
35 Meilen östlich von
Havanna, konnte
Hemingway Frieden
und Stille finden.

Mit seiner vierten Frau Mary an Bord der Pilar.

fall beschreibt, in dem er selbst die Hauptrolle gespielt hat.

Zeitgenössische Dichter und Schriftsteller trugen viel zur Steigerung des damals entstehenden Heldenmythos bei. Archibald MacLeish betrachtete Hemingway als Naturburschen, der „aus einem Walnußbaum den Stil seiner Epoche haut". Scott Fitzgerald unterstrich in einem Brief Hemingways Attacken auf geschwollene Redensarten: „Wie ich höre, hast Du ein Buch geschrieben, in dem eine Reihe von Absätzen vollständig um das Wort ‚Eier' aufgebaut sind."

Andere sahen in ihm die Verkörperung des amerikanischen Traums, aber das war nun wirklich abwegig. Eher könnte man ihn als Vorläufer eines gewissen Freiheitsbegriffs betrachten. Er brachte es nicht über sich, einen Smoking anzuziehen – nicht einmal, um den Nobelpreis in Empfang zu nehmen. Bei spanischen Republikanern und französischen *Maquisards* fühlte er sich wohler. In ihrer Gesellschaft konnte er ein freudestrahlendes, selbstzufriedenes Grinsen aufsetzen und sich entspannt fotografieren lassen. Er war ein literarischer Riese, ein freier Mann, der sich einen Weg durch den Dschungel der amerikanischen Literatur bahnte.

Freiheit, weite, offene Räume, Reisen, das Meer, Schiffe, Gewehre, Kampf: das alles lag Hemingway im Blut. Wir wissen, daß sein Vater ihm das Angeln und Jagen beigebracht hat – und später mit einer Schrotflinte Selbstmord begangen hat. Wir wissen, daß Anson Tyler Hemingway, sein Großvater väterlicherseits, den kleinen Enkel mit schrecklichen Erzählungen vom Bürgerkrieg in Begeisterung versetzt hat. Anson hatte als Infanterieleutnant auf Seiten der Konföderierten gekämpft. Wir wissen, daß Alexander Hancock, der Großvater seiner Mutter, Kapitän der *Elizabeth* gewesen ist, eines Viermasters, der 1852, zur Zeit des Goldrauschs, Einwanderer aus England nach Australien brachte. Und von Ernest Hall, dem Vater

seiner Mutter, wissen wir, daß er sich fühlte „wie im Paradies", als er mit vierzehn Jahren aus London an den Little Maquoketa River in Iowa gekommen war. Auch Hemingway empfand stets diese Begeisterung für die Natur, die reine Freude, in tiefen Zügen Landluft einzuatmen.

Pioniere sind immer auf der Suche nach neuen Horizonten. Mit seinen Werken drückte Hemingway Paris, Spanien, Italien und den Bergen und Ebenen von Afrika seinen Stempel auf. Die Heimat verklärte er nicht so sehr, ausgenommen vielleicht Key West, den südlichsten Vorposten der USA in der Karibik. Dennoch war er immer ein amerikanischer Schriftsteller, für viele seiner Landsleute sogar *der* amerikanische Schriftsteller, dessen Geradlinigkeit und Leidenschaft ihn zum Inbegriff des amerikanischen Lebens machten. Er war stolz, mutig und offen, jemand, der Freiheit und weite Räume leidenschaftlich liebte; so hat er einmal gesagt: „Irgendwo habe ich gelesen, meine Helden seien Neurotiker. Aber die Leute vergessen, daß das Leben in dieser unserer Welt etwas Schmutziges ist. Normalerweise betrachten wir einen Menschen als Neurotiker, wenn es ihm schlecht geht. Der Stier in der Arena ist neurotisch, aber auf der Weide ist er gesund. Das ist alles."

Er pflegte auch zu sagen, das Leben sei zu kurz, als daß man seine Zeit und sein Talent vergeuden dürfe. „Druck mit Würde ertragen", das war sein Motto, und danach lebte er.

Das Leben gleicht einem Baseballplatz, und „wir spielen in einer Liga, in der wir weder um Punkte bitten noch welche verschenken." Es ist eine harte Liga, aber der Ball ist für alle gleich. Die Schläge mögen verschieden sein, aber jeder kann für die Meisterschaft entscheidend sein. Ausreden und Diskussionen führen zu nichts. Es zählt nur eins: das Spiel weiterzuspielen.

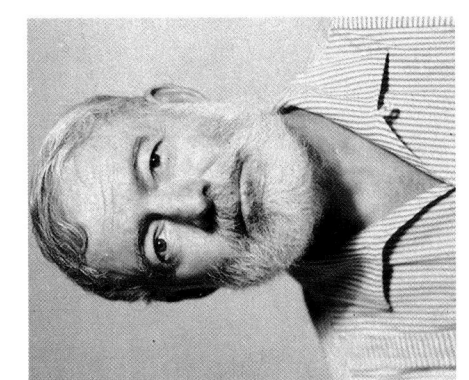

Als junger Mann machte Hemingway sich über die unglücklichen Leute lustig, die ihre Kahlheit unter Hüten oder sorgfältig arrangierten langen Haarsträhnen zu verbergen suchten. Als er fünfzig war, kam er nicht mehr auf das Thema zu sprechen.

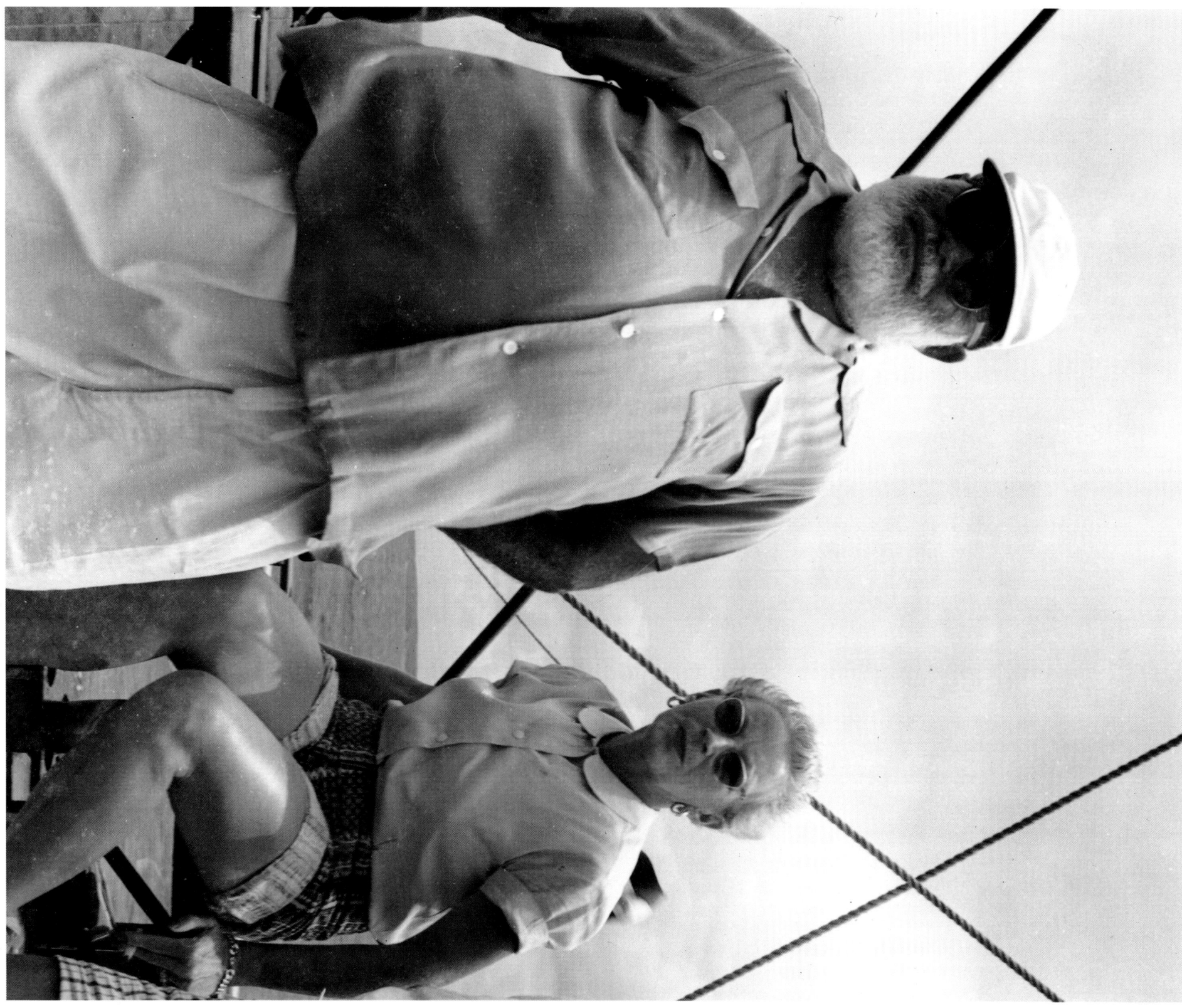

KAPITEL DREI

ES MUSS IMMER EINE FRAU IN DER NÄHE SEIN

WENN ALLES ZERSTÖRT WIRD

Ernest Hemingway und seine dritte Frau, Martha Gellhorn. Mürrische Stimmung auf der 'Tin Kid, dem Beiboot der Pilar.

Martha Gellhorn, aufgenommen in London von Lee Miller. Dieses Photo bewahrte Hemingway auf der Finca Vigía auf. Es kam oft zu Spannungen zwischen den beiden, weil Hemingway nicht akzeptieren konnte, daß Martha ihre Schriftstellerkarriere ebenso wichtig war wie er selbst.

An Bord der Pilar, vor der Nordküste von Kuba. Der Ehemann und seine vierte Frau lassen sich zur Siesta nieder.

Die Narbe auf Marys Wange stammt von einem Autounfall im Sommer 1954, als ihr Wagen in der Nähe der Finca Vigia ins Schleudern geriet. Hemingway trug eine Schnittwunde an der Stirn davon, deren Narbe der Arzt aber zwischen seinen Falten verstecken konnte.

Kümmre mich nicht um die Zukunft. Denke aber, wenn sie näher kommt, wird's mir besser gehen. So ist es immer gewesen. Bin im Moment nicht sonderlich gut gelaunt; wenn ich mich vom Kampf oder von der Flasche fernhalte, werd ich jedesmal weich und mir kommen wunderbare Wünsche: dann will ich nie noch leben, schreiben, ein Doppelbett haben und das schöne Leben mit dir führen, das vor uns liegt." So schrieb Hemingway am 8. November 1944 an Mary Welsh. Es war sein erster Brief von der Front an sie, mit einem stumpfen Bleistift auf das große hellblaue Notizpapier der US Army gekritzelt. Er war Realist, ein harter, einsamer Mann an der Front, der einmal ein Buch mit dem Titel *Männer ohne Frauen* geschrieben hatte; drei gescheiterte Ehen lagen bereits hinter ihm; was das Eheleben betraf, kannte er sich bestens aus. Und so beschloß er – wie immer –, sich abwartend zu verhalten. Aber der Mangel an Begeisterung, der am Anfang des Briefes deutlich wird, weicht dann schnell einem gefühlvolleren Ton, der bei ihm eher ungewöhnlich war.

Er erklärt ihr seine Liebe, und diese schlichte Erklärung kann er nur durch die Behauptung erhärten, daß er sie mit der Zeit immer noch mehr lieben werde. Ohne sie fühlt er

sich „bloß leer, krank und einsam", als ob „eine Hälfte von mir, mehr als die Hälfte, gar nicht da sei". Und er drängt sie, „geduldig und tapfer und gut" zu sein in den Prüfungen, denen die Welt ihre Liebe unterziehen wird. Dann geht er ironisch auf diesen romantischen Ausrutscher ein und rechtfertigt sich mit der Behauptung, es sei eins ihrer „herrlichsten Abenteuer" gewesen, wie sie versucht hätten, einander wahrhaftig und einfühlsam zu verstehen und nicht einfach ihrer Leidenschaft für „Lieben und Streiten" nachzugeben, „du weißt schon, was ich meine: diese 'Ich liebe dich, du bist eine Schlampe, aber bei Gott, ich liebe dich'-Mentalität." In einer wundervollen Metapher vergleicht er ihr Verständnis füreinander mit „Zement, der mit den festen Eisenstäben der Liebe verstärkt ist".

Dann wechselt seine Stimmung wieder, und er verspricht, Augenblicke so hohen Ernstes würden bestimmt nicht oft vorkommen. Er werde „so fröhlich wie sonstwas" sein, selbst wenn diese Fröhlichkeit seinen Wunsch verbergen sollte, ihr ebenso zu dienen, wie „manche sehr dummen Leute" ihrem Land oder ihrem Gott dienen wollten. Tatsächlich ist sie für ihn „eine klitzekleine Göttin mit einem Gesicht, das mir jedesmal das Herz bricht, wenn ich es sehe, und dem reizenden Körper mit dem prima Hin-

halten muß. Wenn der Mann etwas von einem „Nerzman-tel" gesagt hat, wird sie ihn das nie vergessen lassen. Sie vergißt alles, was er ihr schon geschenkt hat, und nur die-ser Nerzmantel wird auf ewig in ihr Gedächtnis geprägt bleiben. Und am Ende wird sie sie ihn bekommen. Natürlich darf ein Mann niemals auch nur das leiseste Wort gegen ihre Familie äußern; andererseits muß er ihren Nörgeleien ohne Widerrede zustimmen. Bei der kleinsten Übertre-tung bricht das Chaos aus.

Hemingway hat einmal gesagt, er würde gern eine Geschichte über eine Hure schreiben; das einzige Pro-blem dabei war, daß er einfach keine Frau finden konnte, die zugab, eine zu sein. Die meisten Frauen nehmen viel Mühe auf sich, um zu beweisen, daß sie keine Huren sind. Wenn der Mann dabei mitmacht, wird er von den Frauen

akzeptiert; ist er Schriftsteller, lassen sie sich vielleicht sogar dazu herab, ihn das, was er schreibt, zu mögen. Aber wenn sie nicht geradezu anormal sind, ist Sex für Frauen wesentlich wichtiger als Schreiben. Sie erkennen intuitiv, ob ein Mann gut im Bett ist, ähnlich wie ein Jagd-hund spürt, wenn Wild in der Nähe ist. Nicht eine von ihnen ist fähig, das schriftstellerische Talent eines Mannes richtig zu einzuschätzen, es sei denn, „ihr Name beginnt mit M. Shir" – so steht es in Hemingways Handschrift auf einem maschinenschriftlichen Fragment, das in der Finca Vigía gefunden wurde. Aber bezieht sich dieses „M" auf Martha oder auf Mary? Schriftstellerinnen waren jedenfalls beide.

Hemingway glaubte offenbar, in Mary die ideale Frau gefunden zu haben. Endlich würde er das vollkommene

Über die geheimnis-volle Frau in Weiß wird viel spekuliert. Hemingways Arzt, Dr. José Luis Herrera Sotolongo, schwört Stein und Bein, es sei Pauline Pfeiffer, Hemingways zweite Frau, die ihn gelegentlich auf der Finca Vigía besuche. Andere Hemingway-Experten behaupten, es sei Marys Mutter. Tatsächlich ist es Marys Cousine Bea, Mrs. Homer Guck.

Leben führen können, ein Leben, in dem sie beide, wie er ihr am 20. November 1944 schrieb, freundlich und niemals rücksichtslos sein würden, außer denen gegenüber, die sie dazu zu bringen versuchten, ihre Zeit und ihr Leben zu vergeuden. Mary werde ihm beibringen müssen, sich gegenüber störenden Anrufern am Telefon „rücksichtslos und höflich" zu verhalten. Im selben Brief erinnert er sich an Marys Frage, was sie auf den Bermudas morgens trinken würden – wer ein Verhältnis mit einem Mann wie Hemingway hat, kommt an solchen Fragen nicht vorbei –, und plötzlich fällt ihm ein, daß er noch sieben Kisten Gordon's Gin aus der Vorkriegszeit besitzt, wahrscheinlich die letzten Flaschen, die auf der Welt noch übrig sind. Bereitwillig bietet er ihr diesen Schatz an. Für ihn sei Gin nicht der ideale Abenddrink, aber sie könne das Zeug haben, „wenn Du willst (ich kann prima Martinis mixen), und Noelly Prat kannst Du auch haben".

Morgens trank er, wenn kein Perrier-Jouet vorhanden war, am liebsten Scotch. „Magst Du Scotch mit gutem Soda ohne Eis? Sehr lecker. Whisky mit Limone und Soda auch, nennt man Whisky sour." Sie brauche sich keine Sorgen zu machen, was sie abends trinken würden, denn ihre Tage würden so erfüllt sein, daß sie abends viel zu „glücklich und müde und gut gelaunt" sein würden, um sich zu betrinken.

Er stelle sich ein einfaches Leben mit ihr vor: morgens aufstehen, zum Frühstück zwei Eier „nach Belieben", dazu gebratenen Schinken oder kanadischen Speck, ein Glas Tomaten-, Orangen- oder Grapefruitsaft, ein paar Papayas und Mangos, reizvoll auf einem Tablett arrangiert. Einmal klingeln bedeutete, man solle ihm das Frühstück bringen; zweimal, für Marys Frühstück; dreimal, wenn beide frühstücken wollten.

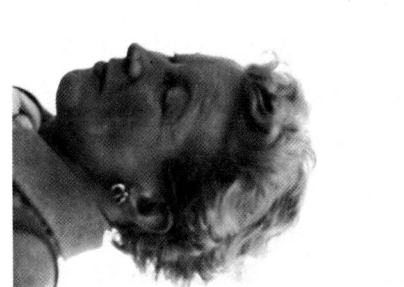

Mary werde so lange schlafen können, wie sie wolle, und er werde manchmal schon sein Tagewerk beendet haben, wenn sie aufwache, dann könnten sie sich für den Rest des Tages miteinander vergnügen. Aber wenn er noch weiterzuschreiben habe, könne sie tun, wozu sie gerade Lust habe. Lesen, am Swimmingpool faulenzen, und „alles, was in Dir müde war, langsam und kräftig wieder zurückkommen lassen (mich auch) – ohne Dich im geringsten zu langweilen – einfach nur glücklich sein, wie wir immer waren, wenn Du nicht arbeiten mußtest."

Wenn sie Lust hätten, zur Abwechslung einmal gute Musik zu hören, würden sie den Capehart-Plattenspieler anstellen, und sie könnten sich jede Aufnahme, die sie haben wollten, im New Yorker Liberty Music Shop kaufen. Das Angebot des berühmten Autors, ihr eine idyllische Zuflucht vor den Schrecken des Krieges zu bieten, muß in mancher Hinsicht sehr verlockend gewesen sein. Schließlich erklärte sie sich bereit, ihn zu heiraten. Die beiden brachten ihre Scheidungsprozesse hinter sich, heirateten am 14. März 1946 und lebten eine Zeitlang auf der Finca Vigia. Im September 1948 beschlossen sie, nach Italien zu gehen, und führen mit dem Schiff nach Genua. Es war ihre erste Europareise seit dem Zweiten Weltkrieg. Hemingway besuchte Fossalta – wo er 1918 schwer verwundet worden war –, und im Dezember erhielt er eine Einladung zur Jagd auf dem Gut von Graf Carlo Kechler. Dort, in Latisana am Tagliamento, lernte er die schöne, aber mittellose junge Gräfin Adriana Ivancich kennen. Später schilderte er ihre Begegnung in Über den Fluß und in die Wälder, in einer Szene geht ein gewisser Colonel Cantwell auf die Jagd und lernt ein Mädchen namens Renata kennen. Hemingways Darstellung eines alternden Mannes, der sich in eine sehr junge Frau verliebt, folgt äußerst genau seinen eigenen Erlebnissen, nur daß Colonel

1951. Ausflug mit Mary zum Valle de Viñales im äußersten Westen von Kuba. Hemingway trägt die guayabera, ein auf Kuba beliebtes Hemd mit Brusttaschen.

Richard Cantwell keine Mary Welsh hat, die zu Hause auf ihn wartet.

Hemingway lud Adriana nach Kuba ein, und im Herbst 1950 kam sie mit ihrer Mutter Dora für drei Monate zu Besuch. Ihr Bruder Gianfranco, ein aufstrebender Schriftsteller, war schon im November 1949 nach Havanna gekommen; er wurde bald Stammgast in der Finca (wo er drei Jahre lang den Turm bewohnte) und zählte zu Hemingways engeren Freunden.

Adrianas Ankunft löste eine Reihe langwieriger Streitigkeiten zwischen Hemingway und Mary aus. Es war eine schlimme Zeit nicht nur für den Schriftsteller, sondern auch für seine Frau. Sein Hausarzt, Dr. José Herrera Sotolongo, hat die Situation so beschrieben: „Ernesto hatte angefangen zu trinken und konnte nicht mehr schreiben. Eine schlimme Zeit für ihn ... Einmal mußte ich einschreiten und mich mit ihm prügeln. Als ich sah, daß die Gefahr vorbei war, verließ ich um vier Uhr morgens das Haus. Die beiden hatten sich mit Schrotflinten bedroht. Ich mußte ihnen die Gewehre wegnehmen, versteckte sie in meinem Wagen und brachte sie in mein Haus. Damals war Batista an der Macht, Schußwaffen mit sich zu führen. In dieser Nacht kündigte ich ihm in einem Brief die Freundschaft auf, aber am nächsten Tag rief er an und bat mich, ihm zu helfen, vom Trinken loszukommen."

Adriana war jedoch nicht der einzige Anlaß zu Streitigkeiten. Am Samstag, dem 1. Juni 1953, lagen sich die Hemingways wieder in den Haaren. Marys erste Worte an diesem Morgen waren:

„Du steckst in alles deine Nase rein. Du drehst durch, wenn irgendwer eine Zeile über ein Land drucken läßt, in dem du mal gewesen bist. Zum Beispiel dieser Typ, der ein Buch über Spanien geschrieben hat."

„Wen meinst du?"

„Diesen Franzosen."

„Ach, Malraux? Malraux ist in Ordnung. Wer sonst noch?"

„Dos Passos über Michigan. Das hat dich rasend gemacht."

Sie steigerten sich immer weiter in ihre Wut und stritten den ganzen Tag über einen komplizierten Vertrag und den Anwalt Alfred Rice, der nach dem Tod von Maurice Speiser 1952 Hemingways Angelegenheiten übernommen hatte. Sie zankten sich auch über Bill Lowe, den Chefredakteur von Look, der Hemingway mehrere Angebote für eine Artikelserie über sein Privatleben gemacht hatte. Mary behauptete, Ernest habe ihr von Lowes Vorschlag nichts erzählt, worauf er erklärte, im Gegenteil, sie hätten doch ausführlich über die Sache diskutiert; es gebe sogar zwei Zeugen dafür: Leland Hayward, den Koproduzenten der Verfilmung von Der alte Mann und das Meer, und dessen Frau Nancy. Die Haywards seien damals auf der Finca gewesen, und sie hätten zu viert über diese Angebote gesprochen.

„An diesem Tag hat sie mich unaufhörlich beschimpft und mir während des ganzen Mittagessens eine Szene wegen irgendeiner Wäscheangelegenheit gemacht", beklagte

Hemingway; hat sich oft als alten Löwen bezeichnet, jederzeit bereit zum Sprung. Hier sieht man ihn mit Adriana Ivancich, seiner letzten „Beute". Er hatte sie im Dezember 1948 in Italien, in der Nähe von Fossalta del Piave, kennengelernt. Der echte Löwe auf dem Photo machte 1934 in Afrika mit Hemingway Bekanntschaft.

sich Hemingway. „Ich bin vom Tisch aufgestanden, und als ich zurückkam, schrie sie so laut, daß sämtliche Dienstboten und sogar der stocktaube Taylor es gehört haben."

Dieser Streit hatte kurz zuvor angefangen, am ersten Tag des jährlichen Wettbewerbs im Marlinfischen. Hemingway hatte sich zu lange in der Floridita Bar aufgehalten und mußte sich dafür zunächst auf dem Heimweg im Auto und dann zu Hause vor Gästen Marys Vorwürfe und Nörgeleien anhören. Erschöpft von der endlosen Streiterei und dem Tag auf hoher See ging Hemingway an diesem Abend früh ins Bett.

Gegen halb zwei Uhr morgens wurde er von Mary geweckt; unter Tränen setzte sie ihre Schmähungen fort, ohne daß er sie zum Schweigen bringen konnte. Normalerweise leistete er unter solchen Umständen keinen Widerstand, sondern wartete einfach ab, bis der Sturm sich verzogen hatte. Er war schon versucht, zu ihr zu sagen: „Ich bin ein wenig schwerhörig. Dankst du mir für das kleine gelbe Kabriolett, das ich dir geschenkt habe?" Aber er nahm sich zusammen und ging nur ins Wohnzimmer, um dort im Sessel weiterzuschlafen. Erst um fünf, als er wußte, daß Mary inzwischen schlafen würde, ging er ins Schlafzimmer zurück. Um sechs stand er auf, frühstückte, packte Proviant ein und schlich sich aus dem Haus, bevor sie aufwachte. Er ging zu seinem Boot und grüßte heiter die anderen, ohne etwas von dem Vorfall zu erwähnen.

An diesem Freitag mußte er beim Mittagessen wieder Marys lautstarke Nörgeleien wegen irgendeiner Nichtigkeit über sich ergehen lassen. Er stellte sich taub, verbrachte einen angenehmen Abend und schlief die ganze Nacht durch, trotz eines tropischen Sturms, der draußen wütete. Am Samstagmorgen stand er um fünf Uhr auf und sah nach, ob Haus und Garten den Hurrikan gut überstanden hätten. Als er später die Post öffnete, war ein Brief dabei, der die Existenz des Vertrags mit Look in Frage stellte, und dies war der Auslöser für den erwähnten Streit mit Mary, der den ganzen Tag lang anhielt.

Am Sonntagabend, nachdem der Angelwettbewerb beendet war, besserte sich Marys Laune. Einige Tage später notierte Hemingway: „Mary (nach einem doppelten und einem einfachen Martini): ‚Womit kann ich dir helfen, Liebling?'"

Der Sturm war wirklich ausgestanden. Aber diese langwierigen Streitigkeiten zehrten an Hemingways Kräften, besonders da sie in regelmäßigen Abständen wieder aufflammten, wenngleich nun erst einmal für ein paar Monate Ruhe einkehrte. Er gab zu, daß Marys Vorwürfe manchmal berechtigt seien, konnte aber nicht akzeptieren, daß ihm dergleichen vor Dritten oder mitten in der Nacht gesagt wurde. Gar nicht ausstehen konnte er ihr Geschrei, ihre haarsträubenden Beleidigungen und unfairen Anschuldigungen, wenn sie schlechte Laune hatte. So etwas zerstörte seinen Seelenfrieden und machte ihn unfähig zu schreiben.

Hemingway glaubte, sich sehr zu bemühen, Mary keinen

Hemingway und Adriana Ivancich, das Vorbild für Renata in Über den Fluß und in die Wälder. In dem Roman verführt sie als naives junges Mädchen im Nachkriegs-Italien einen Colonel der US-Army. Im wirklichen Leben war sie eine mittellose Gräfin, die zwischen Hemingway und Mary neue eheliche Streitigkeiten heraufbeschwor.

Im Cerro-Jagdclub. In Afrika hatte Hemingway gelernt, notfalls auch nur mit einer Hand zu schießen. Hier sieht er keine Gefahr und ist entspannt.

Grund mehr zur Eifersucht auf andere Frauen zu geben, und er tat sein Bestes, pünktlich zu den Mahlzeiten zu erscheinen. Er gab sich auch große Mühe, freundlich zu ihr zu sein, rannte ans Telephon, wenn es morgens klingelte, damit sie nicht davon aufwachte. Gewiß war es doch nicht seine Schuld, wenn sie es vor ihm hörte? Er machte ihr Geschenke. Vielleicht war Mary ja doch nur eine Nörglerin, wie seine früheren Frauen. Er würde seine letzten Illusionen in bezug auf Frauen ablegen und sich mit Gleichgültigkeit umgeben müssen. Aber es widerstrebte ihm, auf etwas zu verzichten, das einen hohen Rang in seiner Werteskala einnahm: die Liebe zwischen Eheleuten. Fürs erste war es still in seinem Haus. Hemingway und seine Frau konnten nach Cayo Paraíso fahren und ihre Versöhnung feiern.

Cayo Paraíso – Paradise Key –, so Hemingways Name für einen Ort, der offiziell Mégano de Casigua heißt; er liegt etwa 180 Meilen von Havanna entfernt, fünf Meilen landeinwärts von der Mulata-Bucht. Dorthin fuhr Hemingway, wenn er vollständige Abgeschiedenheit zum Schreiben brauchte, weder Besucher noch Anrufe konnten ihn hier ablenken. Sein Tagesablauf war derselbe wie auf der Finca Vigía: früh aufstehen, bis elf Uhr schreiben, dann schwimmen, angeln oder segeln gehen, mit Mary die

Küste erforschen, halb nackt und frei, wie er es sich am 18. November 1944 in einem Brief an sie erträumt hatte. In einer überaus beziehungsreichen Mischung aus Erinnerung und Phantasie beschreibt er das „fast violette Dunkelblau" des Golfstroms mit seinen Strudeln und Gegenströmungen, ihre Aussicht von der Brücke, während das Boot den fliegenden Fischen in die Felsenbuchten folgt, und ihren Ankerplatz hinter dem Riff bei Paraíso, wo sie sich vom Rauschen der See und der Bewegung des Schiffs im Gezeitenstrom einlullen lassen können. Und dann der erste Drink am Abend, wenn sie nebeneinander liegen und ihre Beine sich berühren: „ein großes Glas Kokoswasser mit Limone und Gin", versunken in den Anblick der „reizenden blauen Miniaturberge". Und er fährt fort: „Pickle, möchtest du sehr gern? ... und du sagst, was du willst, und dann verbringen wir die Nacht und lassen morgen morgen sein und schlafen so lange wie wir wollen..."

Cayo Paraíso hatte nur einen größeren Nachteil: man kam dort so schlecht an Eis heran – ein sehr wichtiger Punkt für Hemingway, der immer durstig war und leidenschaftlich gern kreolische Drinks trank, vor allem Daiquiris. Seine Freunde in Havanna, besonders Dr. Herrera, halfen ihm bei der Lösung des Problems; an Sonntagen luden sie

*Schnappschuß,
aufgenommen im
Heck der* Pilar.

*Der verlegene Blick
eines allzu aufmerk-
samen Gastgebers.
Seine übertriebene
Sorge für das
Wohlergeben einer
jungen Amerikanerin
während eines
Segelturns könnte ihn
in Schwierigkeiten
gebracht haben.*

große Eisblöcke in den Kofferraum von Herreras Chrysler und fuhren die Küste entlang nach Mulata, wo sie von Hemingway erwartet wurden: sein Bart voller und seine Geschichten unglaublicher denn je.

Hemingway und Mary verbrachten Ende der 40er und während der 50er Jahre viel Zeit in Paraíso. Obwohl sie dort ein angenehmes und ruhiges Leben führten, wurde Hemingway immer deprimierter; jedesmal, wenn er auf die Finca Vigía zurückkehrte, war er vom Leben und den Frauen frustriert und verbittert. Seine Notizen aus dieser Periode befinden sich noch im Haus und lassen seine Stimmung ahnen: „Hätte ich damals gewußt, daß sie mir

jedesmal, wenn wir in Havanna essen gehen, ein Glas Wein ins Gesicht schütten würde, und daß sie an einem Tag, an dem ich hart gearbeitet habe..."

Oder: „Jede Frau würde lieber ihr eigenes Grab mit den Zähnen graben als sich ihren Lebensunterhalt mit den Händen verdienen."

Hemingway liebte eine Menge Frauen in seinem Leben; vielleicht keine von ihnen mehr als Mary, die bis zum Schluß zu ihm gehalten hat. Sie war nach Havanna gekommen, um Glück, Liebe und Ruhm zu suchen. Nur sie, Hemingway – und Gott – wissen, was sie wirklich dort gefunden hat.

1950–51, mit Adriana auf der Brücke der Pilar.

An diesem Tag gab es keinen Fisch. Sie hatten den ganzen Tag nichts gefangen. Hemingways Gereiztheit steigerte sich zu Wut, denn er war überzeugt, daß nur sein Gefährte schuld daran sein könnte: der Dichter Archibald MacLeish verscheuchte die Fische. Schließlich machte er einen charakteristischen Lösungsvorschlag. Sie sollten auf einer der nahegelegenen Inseln an Land gehen und die Sache mit Fäusten austragen. Dann wäre alles wieder gut.

Mit seinem „wohlbekannten, rätselhaften Hyänenlächeln", wie Hemingway es selbst formulierte, setzte er MacLeish auf einer der winzigen Inseln zwischen Boca Grande und den Snipe Keys an Land. Inzwischen war auch MacLeish wütend auf Hemingway und freute sich sehr, endlich aus dem miesen Boot aussteigen zu können. Doch zu einem Kampf sollte es nicht kommen; wenige Augenblicke später segelte das Schiff davon und verschwand hinterm Horizont.

MacLeish ging stundenlang an dem menschenleeren Strand auf und ab. Er hatte reichlich Zeit, an eins seiner bekanntesten Gedichte zu denken, in dem er Hemingway mit einem „schläfrigen Panther" verglichen hatte. Daß er schließlich gerettet wurde, hatte er Pauline zu verdanken. Pauline Pfeiffer, Hemingways zweite Frau, konnte so schnell nichts mehr aus der Ruhe bringen, trotzdem war sie entsetzt, als Ernie ohne seinen großen Freund Archie nach Key West zurückkehrte. Er setzte sich auf die Veranda und machte lässig ein paar Flaschen Bier auf. Erst als Pauline ihn fragte, gab er zu, daß er Archie seinem Schicksal überlassen habe. Pauline hatte diese grausame, skrupellose Seite des „wilden Ernie" nie akzeptieren können. Sie machte ihm unmißverständlich klar, was sie von seinem Benehmen dachte, und zwang ihn, seinen gestrandeten Freund wieder abzuholen. Die Sonne ging gerade unter, als MacLeish gerettet wurde. Das Abenteuer brachte dem Dichter einen Spitznamen ein: man kannte ihn seitdem als den „Robinson Crusoe der amerikanischen Dichtung". Sogar Hemingway nannte ihn so an den geruhsamen Abenden, die sie auf der Veranda des Hauses auf Key West verbrachten, nachdem der unvermeidlich erscheinende Bruch zwischen ihnen wieder beigelegt war. Vermutlich kann nur ein Fischer Hemingways Verhalten an diesem Tag im Sommer 1936 nachvollziehen. Sein Stolz war verletzt, nur so ist seine ansonsten unerklärliche Reaktion zu deuten. Jeder Fischer hat dieses Gefühl verletzten Stolzes schon einmal erlebt, wenn einfach keine Fische aufzutreiben sind. Bei Hemingway nahm dieses Gefühl gigantische Ausmaße an.

Zwischen 1929 und 1933, in den Jahren der großen Wirtschaftskrise, hörte Hemingway zum erstenmal von der Hochseefischerei im Golfstrom. Nicht daß sein Informant Joe Russell besonderes Interesse am Fischen hatte. Aber er hatte manche kostbare Ladung Rum und andere verbotene Getränke von Kuba zu den Key-Inseln geschmuggelt; damals herrschte noch die Prohibition, und viele gute Amerikaner trieb dieser Zustand wie Russell zur Verzweiflung. Den Schnaps verkaufte er umgehend in seiner Bar: Sloppy Joe's an der Green Street in Key West.

Schon lange bevor Hemingway und Pauline nach Key West zogen, lebte Russell hier am südlichsten Punkt der Vereinigten Staaten. Davor hatte er die wilden Zeiten der Bandenkriege, als die Männer von Jim Colosino und Al Capone um ihre Gebiete kämpften, aktiv miterlebt. Als Unabhängiger war er hart und gerissen genug, sich rechtzeitig zurückzuziehen und sich um seine kostbarsten Besitztümer zu kümmern: sein Boot (die *Anita*) und seine Bar. Er war genau der Typ, den Hemingway mochte. 1933 erscheint Russells Name in einem von Hemingways Angelsport-Artikeln für *Esquire*, wo freilich von seinen eher kompromittierenden Nebenaktivitäten kein Wort gesagt wird. Später diente Russell als Modell für Harry Morgan, den überlebensgroßen Helden von *Haben und Nichthaben*. In dem Roman finden sich Schilderungen

*Ende der 40er Jahre.
Mit Mary an der
Südküste Havannas,
vermutlich bei Jijira,
zwischen den
Hafenstädten Jucaro
und Santa Cruz.*

von Sloppy Joe's Bar und von einem Boot, bei dem es sich einwandfrei um die *Anita* handelt. In Howard Hawks' Verfilmung des Buchs wurde Harry Morgan von Humphrey Bogart und seine Frau Marie von Lauren Bacall gespielt. Das Drehbuch stammte von William Faulkner, der sich mit dem Buch eine Menge Freiheiten herausnahm; dennoch gelingt es dem Film, obwohl er auf Martinique gedreht wurde, die Atmosphäre von Sloppy Joe's gut wiederzugeben.

Schon bald nach seinem Umzug nach Key West (1928) war Hemingway Stammgast in Russells Bar, wo er gern „ein paar Biere kippte" und ein Schwätzchen hielt.

„Ernest", fragte Russell ihn eines Abends, „weißt du, wo du die tollsten Fische der Welt fangen kannst? Und die riesigsten? Gleich hier, mein Junge. Gleich hier."

Hemingway hatte genug gehört. Er charterte auf der Stelle die *Anita*, ein sturmerprobtes Boot von zehn Metern Länge und mit einem 100 PS-Kermath-Motor, Höchstgeschwindigkeit acht Knoten. Gregorio Fuentes, der später auf Hemingways eigenem Boot, der *Pilar*, das Kommando führte, bezeichnete die *Anita* als „gute Reiterin", was heißen sollte, daß sie Wind und Wellen wenig Widerstand entgegensetzte.

Auf ihrer ersten Fahrt (1932) durchquerten Hemingway und Russell den Golfstrom und fischten dann vor der Küste Kubas, unweit von Havanna. Sie machten Zwischenstation in Cojímar, Mariel und Bahía Blanca, deren gut geschützte Häfen ideale Ausgangspunkte für ihre Operationen waren. Bei den dortigen Fischern kauften sie Angelhaken und ließen sich von ihnen Ratschläge geben. Diese Burschen wußten alles, was man über das Meer und die großen Fische darin wissen mußte.

Sie brachen täglich im Morgengrauen auf und fischten dann bis vier oder fünf Uhr nachmittags. Danach gingen sie in einem der kubanischen Häfen vor Anker und legten sich die Taktik für den Abend zurecht: der Plan war ganz einfach – sie wollten sämtliche Schnapsläden und Destillerien in ganz Kuba leermachen. Hierbei führte ausnahmsweise Russell das Wort, während Hemingway zuhörte, sich von der *Anita* schaukeln ließ und dem Spiel der Mastlichter auf dem friedlichen Wasser zusah.

Wenn Joe einmal kurz aufhörte zu reden, füllte Hemingway die Pause mit der Bemerkung: „Ich höre. Hier Ernie. Ernie ruft Mr. Russell. Ende." Das einzige Mikrophon, das sie dabei benutzten, war natürlich eine Flasche Rum.

Mit Gregorio Fuentes und Mary auf der Brücke der Pilar. Die Brücke war die einzige Änderung, die Hemingway an dem Boot vornehmen ließ. Von dort konnte man die Tätigkeiten beim Fischfang besser überblicken. Bedauerlich für Hemingway, daß der Fischfang am Golfstrom in den 50er Jahren zunehmend an Bedeutung verlor.

80

Auf ihren Ausflügen konnte Russell Hemingway leicht davon überzeugen, daß die Schmuggelei eher ein Abenteuer als etwas Kriminelles sei. Jahre später räumte Hemingway Gregorio Fuentes gegenüber ein, drei gesetzwidrige Überfahrten mit Russell organisiert und Rum nach Florida geschmuggelt zu haben. Einmal verkauften sie ihre Fracht mit enormem Gewinn in einem verschwiegenen Mangrovensumpf, und Hemingways Verdienst an diesem Tag war so groß, daß er davon die Hälfte der Kosten seiner ersten Afrikareise bestreiten konnte. Kaum hatte Hemingway die Hochseefischerei entdeckt, wurde sie auch schon zu einer ständigen Leidenschaft, auf die er in seinen späteren Werken immer wieder zurückkam. Der berühmte Fischereikapitän Jackie Key hat beschrieben, wie Hemingway „den ganzen Tag mit Fischen verbringt, sich dann voll angekleidet schlafen legt, nur um gleich im Morgengrauen wieder aufzustehen und weiterzufischen." Er lernte schnell und hatte sich bald einen beträchtlichen Ruhm erworben.

Seinen ersten wirklich großen Fisch fing Hemingway 1933: einen 468-pfündigen Marlin, den er innerhalb von 65 Minuten aus dem Wasser holte. Es war ein Fang, auf den er stolz sein konnte, eine absolute Glanzleistung, die er allein seiner Körperkraft verdankte. Er hatte sich geweigert, irgendwelche speziellen Apparate zu benutzen, die es ihm leichter gemacht hätten.

Seine Technik, mit dem Fisch zu kämpfen und ihn so schnell wie möglich aus dem Wasser zu holen, damit die Haie ihn nicht anbissen, machte ihn in Fischerkreisen schnell berühmt. 1935 fing er den größten Segelfisch, der bis dahin aus dem Atlantik geholt worden war, er wog

119 Pfund. Im gleichen Jahr fing er in der Nähe der Bahama-Insel Bimini, 45 Meilen östlich von Miami, nach heroischem halbstündigen Kampf einen Hai von 786 Pfund Gewicht. Beide Rekorde wurden gebührend vermerkt. Zur Krönung dieses triumphalen Jahres gewann er sämtliche Angelwettbewerbe, die im Dreieck Key West-Bimini-Havanna veranstaltet wurden und schlug dabei so berühmte Meister wie Lerner, Farrington und Shelvin.

Aber die neue Leidenschaft führte auch zu einigen denkwürdigen Faustkämpfen, in denen er seinen Ruf als Fischer verteidigte. 1935 auf Bimini wagte es der millionenschwere Verleger Joseph Knapp eines Tages, Zweifel an der Glaubwürdigkeit von Hemingways in der Zeitschrift *Esquire* abgedruckten Schilderungen seiner Meeresabenteuer zu äußern.

Knapp saß betrunken an der Anlegestelle und steigerte sich in immer gröbere Attacken hinein. Hemingway ignorierte ihn zunächst, doch als er sich einen „Trottel" und „Schweinehund" schimpfen hörte, antwortete er kurz und bündig – mit zwei linken Haken, denen er ein paar Schwinger folgen ließ, die Knapp zu Boden schickten. Noch Jahre später feierten Biminis Calypso-Sänger diese Heldentat in sämtlichen Kneipen der Insel. Hemingway selbst beschrieb den Vorfall in fiktiver Form in seinem postum veröffentlichten Roman *Inseln im Strom.* Wobei er jedoch verschwieg, daß er an diesem Tag gegen seinen eigenen Ehrenkodex verstoßen hatte: schlage nie einen Betrunkenen.

Natürlich war es für jeden Fischer, der etwas auf sich hielt, undenkbar, seinen Sport auf einem Boot zu treiben, das ihm nicht gehörte. Und so begann Hemingway davon zu

Die Pilar vor der Küste von Havanna, 1934 von einer Brooklyner Werft gebaut, kreuzte das Boot bis 1960 in den Gewässern des Golfstroms. Den Namen Pilar gab Hemingway auch der Zigeunerin in Wem die Stunde schlägt.

Cojímar, 1950. Ernest
Hemingway, ein
talentierter Fischer.

träumen, ein eigenes Boot zu besitzen. Als *Esquire* ihm 1934 nach einer Europareise 3000 Dollar Vorschuß für künftige Artikel zahlte, wurde der Traum Wirklichkeit. Er arbeitete an den Entwürfen für das Boot mit und ließ es dann von der New Yorker Wheeler-Werft nach seinen Angaben bauen. Nachdem es per Zug in Miami eingetroffen war, wurde es von Hemingway, der Traditionen eigentlich verachtete, pflichtbewußt mit einer Flasche Champagner getauft.

Die *Pilar* war ein solides Boot. Es maß 13 Meter von Bug bis Heck, hatte zwei Motoren und konnte 500 Meilen ohne aufzutanken fahren. Es war bei den Leuten am Golfstrom praktisch von Anfang an eine Legende, und Hemingway verbreitete diese Legende mit seinen Werken um die ganze Wel.. Es ist eins der berühmtesten Boote der amerikanischen Literatur.

Die Kabinen waren ein Heiligtum, das nur wenigen Glücklichen geöffnet wurde. Insgesamt gab es drei separate Abteile unter dem Vorderdeck. Eine der Kabinen verfügte über zwei Etagenbetten mit eingebauten Schubladen, zwei Wandschränke und unter der unteren Koje, zwei Wandschränke und

einen kleinen Tisch. Im zweiten Abteil waren Küche und Bad untergebracht. Im dritten gab es noch eine Doppelkoje und zwei offene Regale, über die Gregorio Fuentes das alleinige Kommando hatte: das war die sogenannte „Äthyl-Ecke", denn hier waren Flaschen mit harten Sachen gelagert.

Hinter dem Ruder waren vier Anzeiger angebracht; zwei für den Ölstand und die Temperatur der beiden Motoren, ein Tachometer und ein Ampèremeter. Links befand sich eine Tafel mit Senkrechtschaltern für Ankerlicht, Positionslampen, Bilgenpumpe, Wischer und Suchscheinwerfer. Hier herrschte ausschließlich Gregorio. Seine Arbeit war von entscheidender Bedeutung, denn wenn ein großer Fisch am Haken saß, hing die Spannung der Leine und damit die Chance, ihn herauszuholen, von der jeweiligen Fahrgeschwindigkeit ab.

Das Boot konnte bequem sieben Personen beherbergen, notfalls auch neun. Es konnte 1200 Liter Treibstoff und 600 Liter Trinkwasser aufnehmen. Zusätzlich konnten 800 Liter Wasser in Fässern und Korbflaschen und 2400 Pfund Eis an Bord genommen werden.

Die *Pilar* erwies sich über 25 Jahre hinweg als ausgezeichnetes Boot, leicht zu manövrieren und stets zuverlässig, auch wenn sie von irgendeinem riesigen Fisch hierhin und dorthin gezerrt wurde. Sie diente sogar als Kriegsschiff – „Q-boat", wie Hemingway es nannte. Monatelang patrouillierte sie im Golf auf der Suche nach feindlichen U-Booten, ohne dabei Schaden zu erleiden. Ebensowenig konnten ihr die großen jährlichen Angelwettbewerbe und andere inoffizielle, von Hemingway veranstaltete Turniere etwas anhaben. Drei Frauen Hemingways schafften es nicht, irgendwelche Änderungen an der grellen Ausstattung des Bootes durchzusetzen. Auch die häufigen 360-Meilen-Ausflüge von Havanna nach Paradise Key, wo Hemingway ein wenig Frieden zum Schreiben suchte, machten der tapferen *Pilar* nichts aus. Sie war und blieb ein „wirklich sehr edles Schiff", wie Gregorio Fuentes, es formulierte: groß und stabil, alle Holzteile aus elegantem dunklen Walnußholz gefertigt.

Aber Hemingways Haut war den jahrelangen Fischexpeditionen im Golf von Mexiko nicht gewachsen. Er wurde immer empfindlicher und versuchte sich mit zwei seiner berühmten „Requisiten" vor der Sonne zu schützen: nämlich mit einem dicken Bart und einem Augenschirm, wie Tennisspieler ihn tragen. Der Bart wurde zu einem wesentlichen Bestandteil seines Images; er hatte sich

ohnehin nie gern rasiert. Bei einem harten Burschen vermutet man keine empfindliche Haut; ja, man erwartet, daß er über eine zähere Haut verfügt als die anderen. Hemingways Haut war empfindlich, ob es ihm gefiel oder nicht. Es war nicht seine Schuld, daß er aus Oak Park, Illinois, stammte, einem bürgerlichen Vorort von Chicago, wo die Menschen die ledrige Haut nicht nötig haben, die zur Ausstattung seiner Fischerfreunden im Golf so beneidete. Eine solche Haut widersteht nicht nur der grellen Sonne, sondern auch der salzigen Luft und den Belastungen, der sie durch die Angelleine ausgesetzt wird, wenn sie, je nachdem, in welcher Körperhaltung man den Fisch herauszieht, über Schultern, Arme oder Handflächen scheuert.

In *Der alte Mann und das Meer* hat Santiago, der Held der Erzählung, eine gutartige Form von Hautkrebs. Hemingway behauptete, an der gleichen Krankheit zu leiden, da sich ihm ständig die Haut von Stirn und Nase schälte. In der Angelsaison 1954 entwickelte er die Angewohnheit, hochtrabende Monologe zu halten, in denen immer wieder das Thema Hautkrebs zur Sprache kam. „Was sagt ihr dazu, Gentlemen?" rief er, wenn er gute Laune hatte. „Ich bin's, der alte Ernie, dieser gottverdammte ungebildete Bastard, der langsam anfängt, sich abstoßend elegant zu benehmen!"

Da stand er am Ruder der *Pilar*, fest wie ein Fels, und freu-

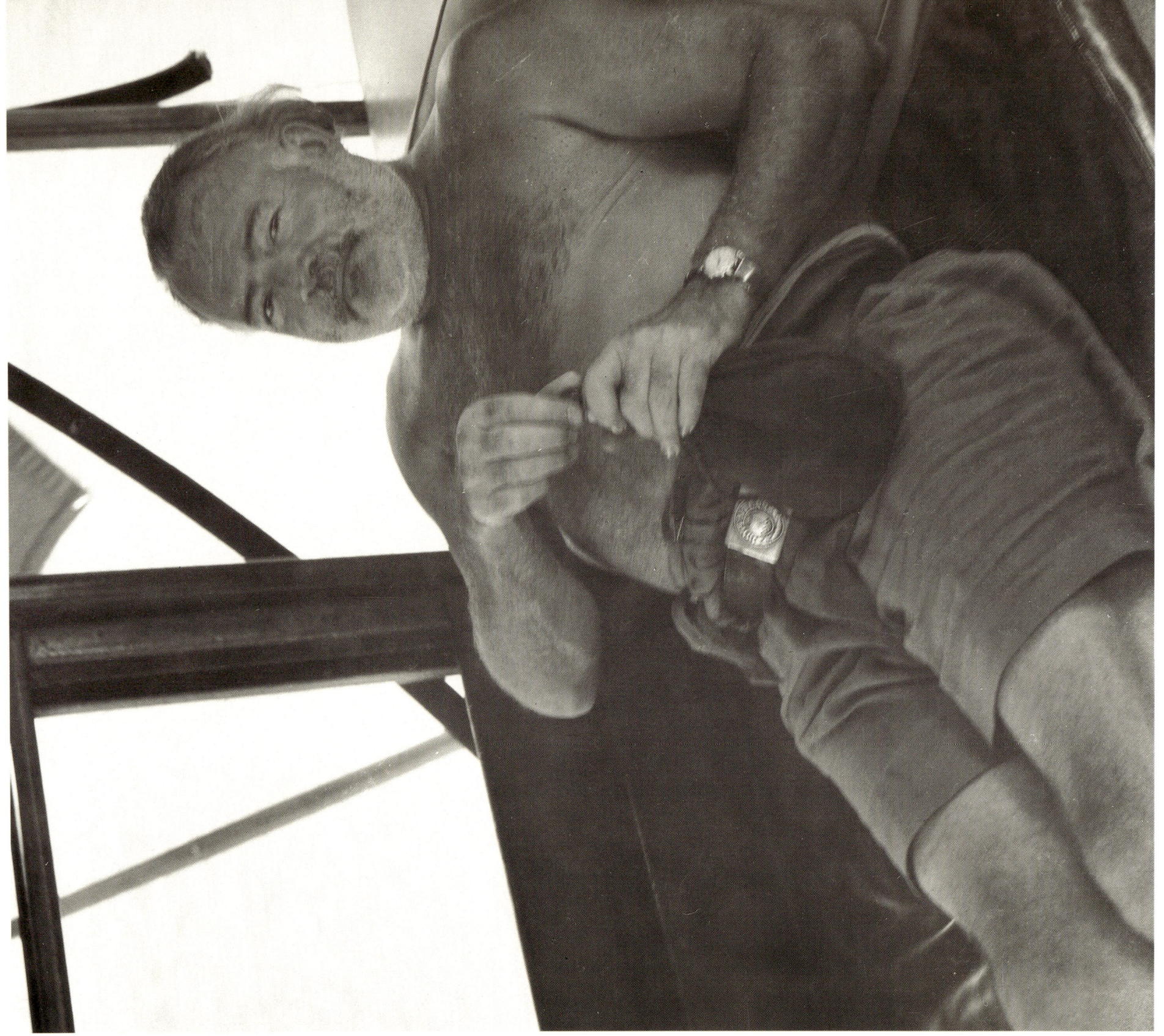

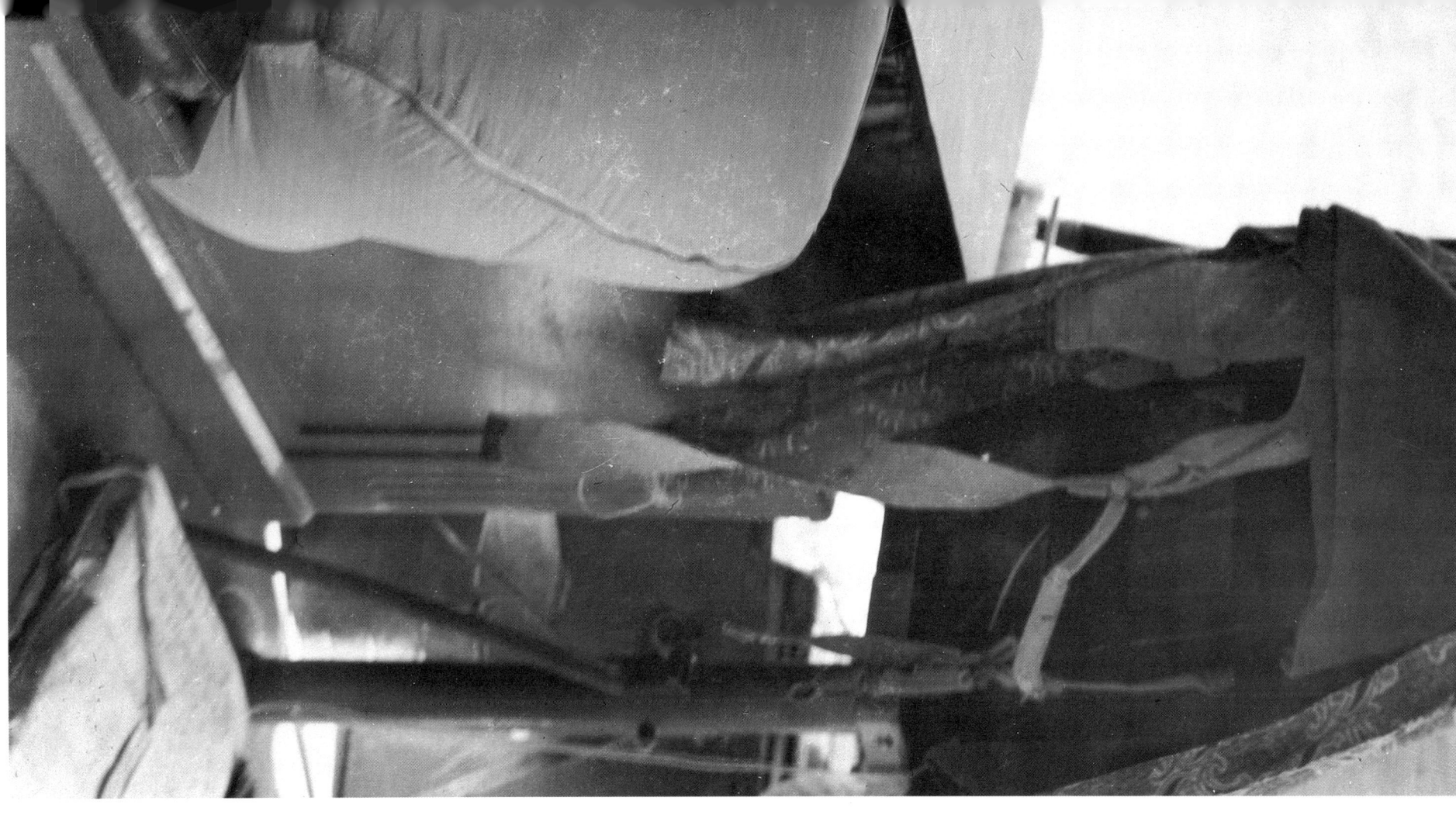

te sich, daß er wieder die legeren Sachen tragen konnte, die er immer am liebsten anzog, wenn er zu seinen „Seeschlachten" aufbrach. Er stand aufrecht wie eh und je und schien noch größer, als er tatsächlich war: ein Meter achtzig. Ein kraftvoller, gesund aussehender Mann mit muskulösen Waden, schlanker Hüfte, breiten Schultern, Stiernacken und einem Bizeps von 43 Zentimetern Umfang. Er hatte zugenommen, besonders am Bauch, weshalb er keine Badehose mehr trug, sondern lange weite Bermudashorts. 1954 gelang es ihm, durch regelmäßige Gymnastik auf 229 Pfund abzuspecken; er hoffte, auf 192 Pfund herunterzukommen, das Idealgewicht für seine Größe und Statur, wie er meinte.

Nun setzte er seine Freunde nicht mehr auf einsamen Inseln aus. Das Angeln war für ihn kein Spiel oder Zeitvertreib mehr, sondern eine Kunst; und er war in der Tat ein Meister in der Kunst geworden, Speerfische aus dem Golfstrom zu holen. Kein Wunder, daß es zum Thema von *Der alte Mann und das Meer* machte, der Erzählung, die ihm 1954 den Nobelpreis für Literatur einbrachte.

Für Hemingway war jeder Handgriff beim Fischen auf hoher See ein Ritual, bei dem strenge Regeln befolgt werden mußten. Und Gott schütze denjenigen vor Hemingways Zorn, der es wagte, gegen diese Regeln zu verstoßen! Wer zu der kleinen Schar der Auserwählten gehören wollte, die an diesem heiligen Ritus teilnehmen durften, tat genau, was ihm gesagt wurde, oder...

Der Photograph Roberto Herrera Sotolongo versuchte einmal zu beweisen, daß er über die nötigen Fähigkeiten verfügte, es in diesem noblen Sport zur Meisterschaft zu bringen. Und so hielt „der aufgehende Stern am Himmel der Meisterfischer" eines Tages eine Angelrute ins Wasser; plötzlich spannte sich die Leine und begann heftig hin und her zu zucken. Offenbar hatte ein großer Marlin angebissen, der dem von Gregorio Fuentes kundig präparierten saftigen Köder nicht hatte widerstehen können: Gregorio hatte seinem Spitznamen „Grigorin der Weise" alle Ehre gemacht.

Der Marlin hing fest am Haken, hatte das aber noch nicht ganz mitbekommen. Während er freizukommen versuchte, geriet er allmählich in Panik. Aus seinem Gezerre und der Spannung der Leine schloß Hemingway, daß der Fisch mindestens 300 Pfund wiegen müsse. Die Leine,

Angesichts der Uhrzeit (es ist Mittag) und einer Temperatur von 30° C unter der Sonne der Karibik ist ein Rioja sicher nicht das ideale Getränk. Aber zum Glück ist Dr. Herrera nicht mit an Bord der Pilar.

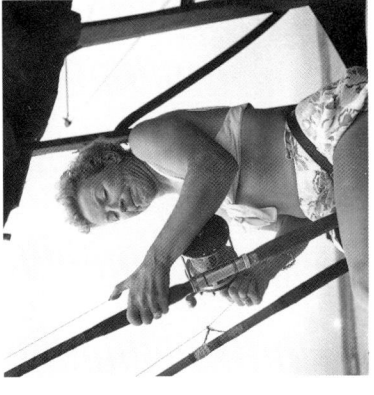

Mary genoß das Leben auf der Pilar. *Sie hatte seit ihrer Kindheit mit Booten zu tun, liebte das Meer und konnte das kubanische Klima gut vertragen.*

eine Ashaway 39, wurde mit einem solchen Gewicht spielend fertig und hielt auch das gewaltige Zerren des Marlin aus, obwohl der Fisch wahrlich unglaubliche Kräfte besaß. Und klug war er offenbar auch, denn bald konzentrierte er seine ganzen Anstrengungen nur noch auf den Versuch, die Leine zu zerreißen, anstatt aus dem Wasser zu springen, um irgendwie vom Haken loszukommen. Hemingway entschied, daß „der unerbittliche Schwertfisch-Killer", wie er Roberto gerade getauft hatte, den riesigen Fisch ganz allein aus dem Wasser holen sollte. Gleich darauf peitschte die Leine wie eine silberne Riesenschlange übers Wasser. Ächzend und stöhnend wie ein Märtyrer quälte Roberto sich ab, um sich der Rolle, die Hemingway ihm so ironisch zugewiesen hatte, als würdig zu erweisen. „Der unschlagbare Meister des Jahres" schwitzte und schuftete, abwechselnd knallrot und aschfahl im Gesicht, während Hemingway lautstark fortfuhr, seine Männlichkeit zu rühmen – wie ein Radioreporter, der einen Boxkampf kommentierte.

Allmählich sahen Robertos Arme und Oberkörper genauso starr und in die Länge gezogen aus wie die Angelrute, an die er sich klammerte. Schließlich gestand er mit ängstlichem Flüstern, er bekomme „langsam Blasen an den Händen". Aber der Marlin kämpfte weiter um sein Leben. Hemingway fragte Roberto, ob es Tag oder Nacht sei, und ob das, was er am Himmel sehe, Sterne oder die Sonne seien? Roberto erwiderte, er sehe sowohl Sonnen als auch Sterne.

„Gentlemen", verkündete Hemingway seinen Freunden an Bord, „unser Guru der Tiefe scheint müde zu werden." Gregorio zufolge waren an diesem Tag noch drei andere Leute an Bord: im Jargon der *Pilar* „Scharfschützen" genannt, mit anderen Worten schwere Trinker, die in sämtlichen Kneipen Havannas Stammkunden waren.

„Bob das Naturtalent – der größte Seebär seit Jesus Christus" mühte sich weiter ab, seinen Fang herauszuziehen,

aber dann löste er mit einer ungeschickten Bewegung die Sperre der Angelrolle. Inzwischen war er so benommen, daß er Hemingways ironisches Lob seiner Technik kaum noch hören konnte. Später erinnerte sich Roberto nur noch daran, daß er den „Scheißfisch" angebrüllt habe, er solle endlich aufhören, so zu ziehen.

Der einzige, der die Sache noch retten konnte, war der Steuermann der *Pilar*. Grigorin der Weise verlangsamte die Fahrt, riß mit der ihm eigenen Geschicklichkeit das Ruder hin und her und folgte dem um sich schlagenden Marlin. Zusätzlich variierte er die Geschwindigkeit so, daß die Leine immer gerade stramm genug blieb, den Fisch zu ermüden, aber nicht so stramm, daß sie reißen konnte. Aber dann machte ein letzter heftiger Ruck dem Duell ein Ende. Als die Leine riß, knallte sie wie eine Peitsche.

„Es gibt Dinge, die macht man entweder gut oder überhaupt nicht", erklärte Hemingway salbungsvoll. „Wenn man nicht sicher ist, ob man sie anständig machen kann, sollte man den Kampf lieber aufgeben, bevor er angefangen hat."

Dann wandte er sich weniger scherzhaft an seine anderen Kumpane und bat sie, niemandem etwas von dem Vorfall zu erzählen. Ein Freund habe eine Niederlage erlitten, und diese Schmach müsse nicht noch breitgetreten werden.

Roberto hatte verstanden: in Zukunft würde er sich nur noch an sein Lieblingshobby halten: das Fotografieren. Hemingway warf ihm nicht sein Versagen vor, sondern daß er sich auf eine solche Kraftprobe unvorbereitet eingelassen hatte. Die Folge davon war, daß nun ein verwunderter Fisch mit einem großen Stahlhaken im Maul irgendwo im Golfstrom herumschwamm und unnötig leiden mußte. Sein Blut würde Scharen von Haien anlocken, und er würde eines entsetzlichen Todes sterben.

Roberto zog sich in eine Koje zurück, wo er bei einem köstlichen kalten Daiquiri ungestört schmollen konnte.

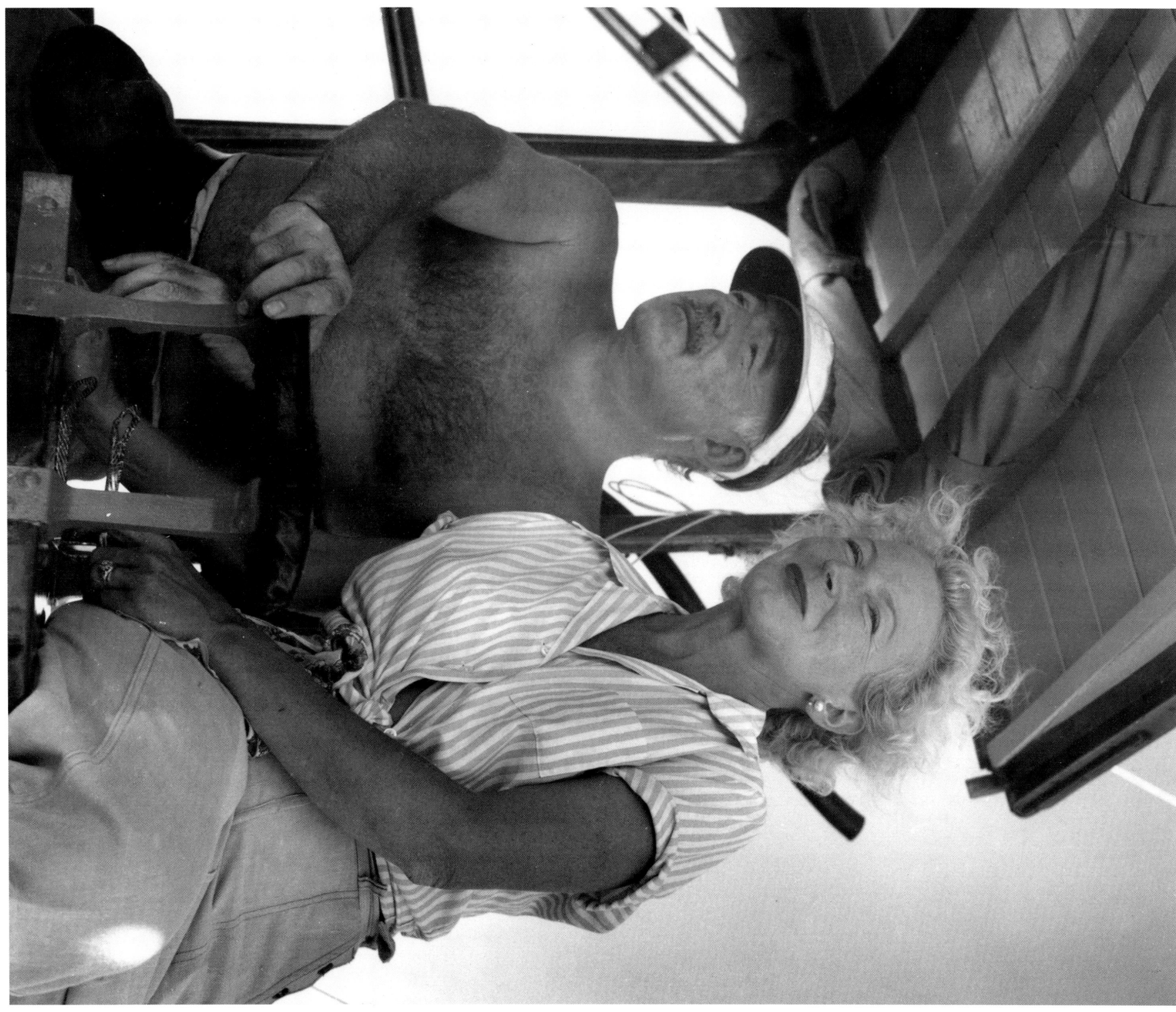

zu stramm ziehen, weil sie sonst reißen könnte. Hemingway begann, die Leine aufzuspulen; bei solchen Tätigkeiten sah er so groß und stark aus, so schlank und muskulös wie in seiner Jugend... Sachte, anmutig, überaus elegant, zog er die Leine ein, gab ab und zu ein Stück nach und zog dann wieder. Um seinen Rücken nicht allzusehr zu belasten, gebrauchte er hauptsächlich die Armmuskeln und verlagerte sein ganzes Gewicht aufs rechte Bein. Gregorio drehte sich regelmäßig nach seinem Chef um und kontrollierte die Spannung der Leine, bevor er sich wieder dem Ruder zuwandte.

Hemingway identifizierte den Fisch, den er an der Angel hatte, einfach anhand der Spannung der Leine und am Gewicht.

„Ein Thunfisch", rief er zu Gregorio hoch. „Ein prächtiger Bursche!"

Seine Kräfte klug einteilend, zog er den Fisch immer näher ans Boot. Die Leine wurde zusehends kürzer und straffer. Und wenig später zappelte ein Thunfisch auf dem Deck der *Pilar*, seine Schuppen glänzten in der Sonne wie Kupfer und Silber.

„Prima!" sagte Hemingway. „Vor zehn Uhr einen Fisch an Bord zu haben, ist ein gutes Zeichen. Ein sehr gutes Zeichen!"

Vorm Bug tauchten zwei Delphine auf. Sie sprangen vollständig aus dem Wasser und machten einen glücklichen, vertrauensvollen Eindruck, als ob die *Pilar* und ihre Besatzung ihnen keinerlei Angst machte. Hemingway beobachtete sie. Sein offenes Hemd flatterte in der warmen Brise. Das Vormittagslicht malte seinen patriarchalischen Schatten auf die nassen Decksplanken.

„Delphine", sagte er. „Sind sie nicht herrlich?"

Die Fischer von Cojímar, die entlang der ganzen Küste Kubas arbeiten, haben ihn in guter Erinnerung. Noch heute nennen sie ihn *El Viejo* oder Papa. Das ist das Bild, das er dort hinterlassen hat: ein alter Mann auf seinen

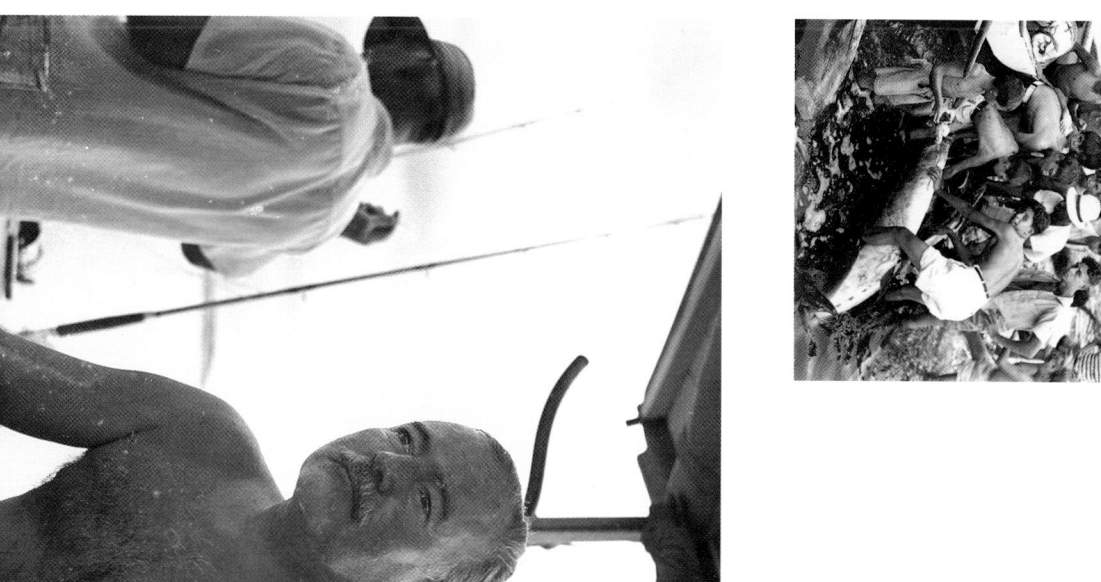

Boot, die Haut von der Sonne verbrannt, mit weißem Bart und Augenschirm.

Die Fischer erzählen, er habe gerochen wie alle alten Männer: gelegentlich nach Seife und Eau de Toilette, manchmal nach Medizin, und oft, sehr oft, nach Rum. Aber er war auch ungemein zäh. Er konnte einen ganzen Tag lang mit einem Fisch kämpfen und dem stundenlangen Gezerre eines 500-600 Pfund schweren Lebewesens standhalten.

Hemingway nannte die Fischer „die Söhne des Todes". Der Name gefiel ihnen, weil er ihre tägliche Plackerei zum Heldentum erklärte, etwas, das allein Papa begriffen hatte.

Am Strand bei Cojímar: nach dem Fischfang. Die Kinder der Fischer freuen sich über „Mister Ways" Erfolg.

Wenn *El Viejo* an der Küste vor Cojímar ein bescheidenes Fischerboot erspähte, steuerte er die *Pilar* darauf zu und fragte die Söhne des Todes: Wie geht's? Was macht die Arbeit? Habt ihr einen guten Fang gemacht? Dann bot er den Söhnen des Todes etwas zu trinken an, was sie niemals ausschlugen. Und dann plauderten sie noch eine Weile, während ihre Boote friedlich nebeneinander schaukelten.

Der Mann mit den langen Bermudashorts und dem dicken Bart, der im Heck seines Bootes breitbeinig die Angelrute hielt, ist noch heute eine legendäre Gestalt zu beiden Seiten des Golfstroms. Sollten Sie eines Tages mit ihrer allen Bambus-Angelrute dorthin kommen, begegnen Sie ihm vielleicht. Sein Boot ist aus robustem Walnußholz. Sie werden die Ausleger an beiden Seiten erkennen. Die

Chrysler-Motoren tuckern fast geräuschlos. Es liegt tief im Wasser und hält mit der gleichen Geschwindigkeit wie der Golfstrom auf das Ostkap zu.

Aber um sich dieses Anblicks würdig zu erweisen müssen Sie erst einmal einen großen Kampf mit der Angel bestehen, ohne Tricks, nur mit Hilfe Ihrer Kraft und Ausdauer. Allein der Kampf zählt, wie beschwerlich er auch sein mag. Es darf Sie nicht stören, wenn er von morgens bis abends dauert und Ihnen die letzten Kraftreserven raubt. Erst wenn Sie diesen Kampf mit sich selbst gewonnen haben, werden Sie Pápa vielleicht zu sehen bekommen: da steht er an Deck, der verwegene und wachsame Mann mit dem Augenschirm, in seinem blaukarierten Hemd und den Khaki-Bermudashorts, und fährt über die dunkelblauen Wasser des Golfstroms.

Ein großer Fang. Dieser Marlin wiegt über 350 Pfund und hat einen halben Tag lang gekämpft.

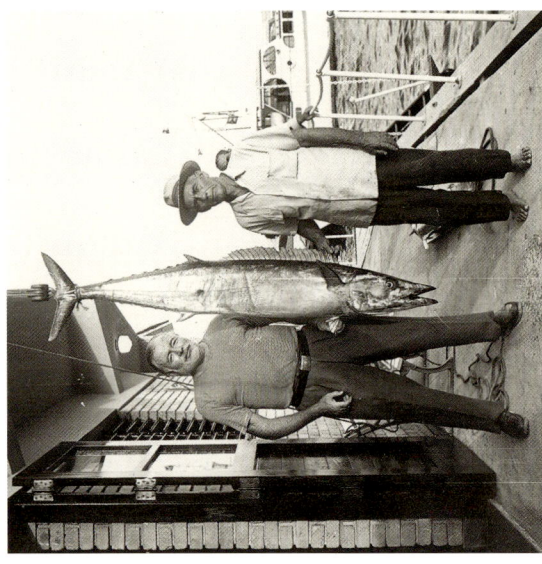

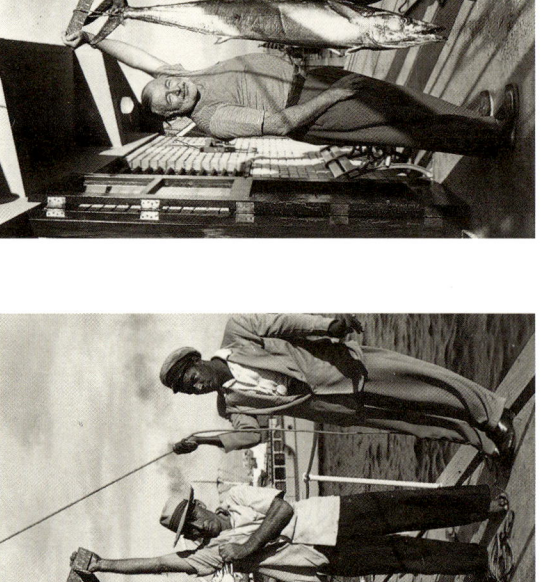

1954. Der internationale Angelclub im Hafen von Havanna. Hemingway besuchte den Club regelmäßig; die Pilar hatte dort in den 50er Jahren ihren Ankerplatz. Der Club war auch Operationsbasis der Hemingway-Wettbewerbe im Marlinfischen. Die zwei hier gezeigten Fische wurden von Gregorio Fuentes gefangen, dem Kapitän der Pilar. Der peto wog 82 Pfund, ein außergewöhnliches

Gewicht für diese Spezies. Der weiße Marlin ist eher durchschnittlich, und nur seinem enormen Mut hat er es zu verdanken, daß man ihn ablichtete. Hemingway, im Matrosenhemd, war eben erst von seiner zweiten Safari zurück und litt noch unter den Nachwirkungen seines Flugzeugabsturzes.

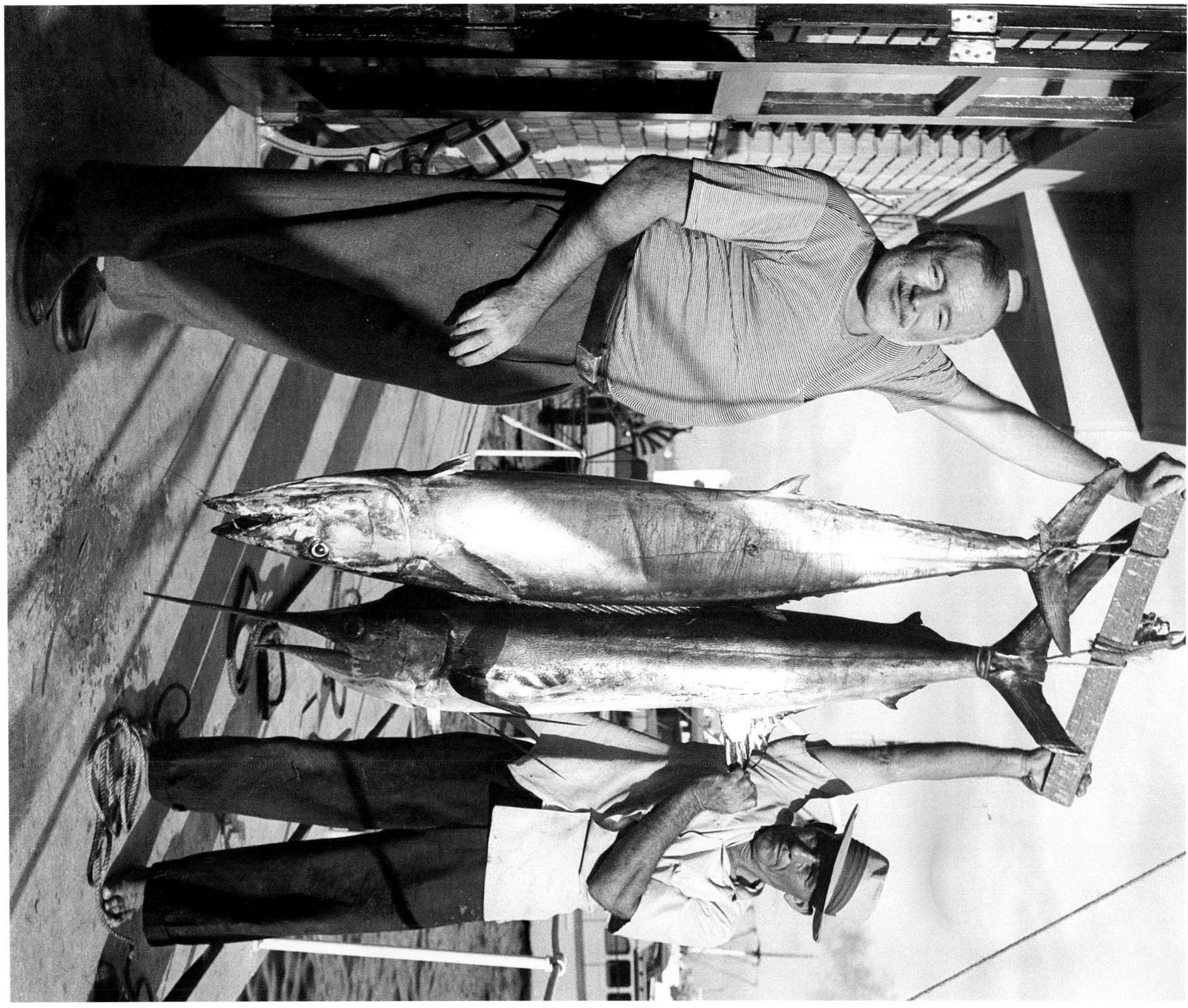

Auf einer Straße in der Nähe der Finca Vigía
fand Hemingway die Promenadenmischung
Blackie. Das Hausmaskottchen wurde auch
zum Vorstehhund abgerichtet. Als die Finca
Vigía 1957 von Leuten aus Batistas Armee
umstellt wurde, wurde Blackie von ihnen mit
Kolbenhieben getötet.

soll. Auf seiner zweiten Safari (1953–54) hatte Hemingway in Afrika ein junges Wakamba-Mädchen namens Debba „geheiratet". Aus Achtung vor den Riten und aus Furcht vor der Göttern wollte er Ohrringe tragen, falls aus dieser „Ehe" ein Kind hervorgegangen sein sollte.

Als Hemingway 1935 von seiner ersten Safari zurückkehrte, schmückte er sein Haus in Key West mit seinen frühesten Trophäen. Er hatte in den letzten fünf, sechs Jahren kaum etwas geschrieben und war als trauriger, verbitterter Mann nach Afrika aufgebrochen. Die Reise gab ihm neuen Lebensmut. Er begann wieder zu schreiben: zwei großartige Kurzgeschichten, die von Afrika inspiriert waren – *Schnee auf dem Kilimandscharo* und *Das kurze glückliche Leben des Francis Macomber* – und den Roman *Die grünen Hügel Afrikas*.

Schnee auf dem Kilimandscharo schildert das unfruchtbare Dasein eines jungen Schriftstellers und seiner reichen Frau. Die beiden begeben sich auf eine Reise, in deren Verlauf der Mann schwer erkrankt. Als er sterbend auf einem Feldbett liegt, läßt er sein Leben Revue passieren und denkt an all die Bücher, die er nun nicht mehr schreiben wird. Die Erzählung beginnt geheimnisvoll mit der folgenden seltsamen Geschichte:

Der Kilimandscharo ist ein schneebedeckter Berg von 6000 Meter Höhe und gilt als der höchste Berg von Afrika. Der westliche Gipfel heißt bei den Massai „Ngàje Ngài", das Haus Gottes. Dicht unter dem westlichen Gipfel liegt das ausgedörrte und gefrorene Gerippe eines Leoparden. Niemand weiß, was der Leopard in jener Höhe suchte.

Der Leopard hatte sich verirrt. Er starb bei dem Versuch, das Haus Gottes, das heißt Unsterblichkeit, zu erreichen. Harry Street, der Held von *Schnee auf dem Kilimandscharo*, wacht nicht mehr aus seinem merkwürdigen Alptraum auf und stirbt, ohne den Ngàje Ngài erreicht zu haben. Aber im Februar 1937 zog Hemingway in den Spanischen Bürgerkrieg und nahm seine alte Royal-Reiseschreibmaschine mit. Nachdem er Ende November 1938 von seiner vierten Dienstreise aus Spanien zurückgekehrt war, schrieb er das Meisterwerk *Wem die Stunde schlägt*.

Fürs erste stand ihm der Zugang zum Haus Gottes offen. Doch wie der Leopard sah Hemingway sich letztlich nicht imstande, seine Aufgabe zu vollenden.

Hemingway im Cerro Jagdclub, etwa 1948. Eine Bastion des intellektuellen kubanischen Bürgertums, hatte der Club seine große Zeit in den 40er Jahren und war auch bei einigen der auf der Insel lebenden amerikanischen Industriellen beliebt. Hemingway und sein lebender Sohn Gregory haben dort etliche Wettbewerbe im Taubenschießen gewonnen. 1961, nach der Revolution, wurde der Club zu einer Ausbildungsstätte für MG-Schützen und die Miliz.

KAPITEL SECHS

NIEMAND IST EINE INSEL

HEMINGWAY UND DIE ANDEREN

Gespräch mit den Fischern von Cojímar während der Dreharbeiten zu Der alte Mann und das Meer. Sie beteiligten sich an der Suche nach dem erforderlichen großen Fisch und traten als Komparsen auf. Nach Hemingways Tod errichteten sie auf einem Platz unweit der Küste eine Bronzebüste von ihm, zum Gedenken ihrer Freundschaft und des Wohlstandes, den er diesem kubanischen Ort gebracht hatte.

Eine wichtige Zwischenstation auf Hemingways Reiseweg war der Cerro Jagdclub, gelegen im gleichnamigen Wohnviertel von Havanna, wo die kreolischen Aristokraten residierten. Hemingway trat Anfang der 40er Jahre in den Club ein. Dort traf er sich häufig mit Freunden zu endlosen Schießwettbewerben oder zu Picknicks, bei denen das Bier in Strömen floß.

Im Club war er stets entspannt, vergnügt und gutmütig, jedoch ein rechtes „Großmaul", wie einige der vornehmeren Mitglieder meinten. Er ließ sich gern dabei fotografieren, wie er mit seiner doppelläufigen Remington Schrotflinte auf die Tauben zielte. Die Schirmmütze auf dem Kopf, den Blick hoch konzentriert, schoß er eine Taube nach der anderen ab.

Abgesehen von vereinzelten Enten im Winter und einer seltenen Wildart, die schon fast ausgestorben war, bot die friedliche Landschaft Kubas Hemingway sehr wenig Möglichkeiten, dieser Lieblingsbeschäftigung nachzugehen. Manchmal stand er, nur um in Form zu bleiben, am Steuer der *Pilar* und feuerte wahllos auf die Haie im Wasser. Afrika war weit weg; auf Tauben und Haie schießen war so ziemlich das einzige Jagdvergnügen, das seine Wahlheimat zu bieten hatte.

Die Finca Vigía, die *Pilar* und der Jagdclub waren Orte, wo man sicher sein konnte, einen Hemingway mit bestem Benehmen anzutreffen: da war er umgänglich, friedlich und ein unkomplizierter Mensch. In der Floridita Bar war er zuweilen vollkommen anders. Im Lärm und Chaos dieser gutgehenden Bar im Herzen von Havanna fühlte er sich wie zu Hause. Er liebte dieses Lokal: es war zur Straße hin offen, so daß er das „freie Leben der Großstadt" verfolgen konnte, während er seine Daiquiris kippte. Als 1947 eine Klimaanlage installiert und die Straßenseite zugemauert wurde, fühlte er sich dort nicht mehr so wohl. Aber schließlich gewöhnte er sich auch daran und saß wieder wie früher auf dem Barhocker an der Theke: so selbstzufrieden wie auf einem Thron. Überschwenglich begrüßte er seine Freunde, mit manchen von ihnen führte er lange Gespräche, mit anderen gab es nur kurze, geheimnisvolle Wortwechsel. Und er hatte seine ganz eigene Art, Langweiler und aufdringliche Zeitgenossen loszuwerden.

Manuel Bell, auch bekannt als Blacaman oder El Blaca, ein mit ihm befreundeter Fischer, erinnert sich, wie sie beide eines Abends gerade ihren zehnten Daiquiri tranken, als ein paar amerikanische Touristen an Hening-

15. Mai 1960:
Hemingways einzige
Begegnung mit Fidel
Castro. Der
kubanische Leader
gewann einen Preis
in der Einzelwertung
des Hemingway-
Wettbewerbs.
Angeblich soll er
Hemingway zum
Forellenangeln an
einer Lagune in der
Nähe der Schweine-
bucht eingeladen
haben.

way herantraten und ihn um ein Autogramm baten. Hemingway erfüllte ihnen die Bitte durchaus freundlich, wandte ihnen dann den Rücken zu, lehnte sich wieder mit dem Ellenbogen auf die Theke und machte da weiter, wo er aufgehört hatte. „Der Künstler ist ein einsamer Mensch", teilte er El Blaca mit, „und Einsamkeit ist Teil seiner Ausbildung. Er lernt, damit fertigzuwerden und das beste daraus zu machen ..." Plötzlich packte ihn einer der Touristen am Arm und bat um ein weiteres Autogramm. Hemingway machte sich gar nicht erst die Mühe aufzustehen, sondern verpaßte dem Mann einen solchen Schlag, daß er zehn Schritte zurücktaumelte und draußen auf der Straße in die Tische krachte.

Explosive Reaktionen dieser Art ließen Hemingway als Inbegriff des kaltschnäuzigen, bösartigen, erbarmungslosen harten Burschen erscheinen. So rühmte er sich, im Zweiten Weltkrieg einen kompletten Zug deutscher Soldaten mit einem Schnappmesser abgestochen zu haben. Andererseits war er ein großer Tierfreund. Er liebte Katzen und Hunde (angeblich sollen einmal 57 Katzen auf der Finca Vigía gelebt haben) und sorgte für die Frösche, Eidechsen, Leguane und die verletzten Vögel, die ihren Weg in seinen Garten fanden. Er lehnte es ab, seine Bäume fällen zu lassen und haßte die Jungen aus dem nahegelegenen Dorf San Francisco de Paula, die mit Steinen nach den Obstbäumen warfen.

Er besaß auch eine in Formalin konservierte Fledermaus, die er hütete wie eine kostbare Relique – angeblich, weil sie ihn an die Fledermaus auf dem Bacardi-Etikett erinnerte, dem besten Rum, der damals auf Kuba zu haben war. Es gibt auch eine Anekdote, die ein positiveres Bild von Hemingway zeichnet. Das Tier war eines Nachts in die Finca Vigía geflogen und hatte sich bei der verzweifelten Suche nach einem Ausgang an einer Wand den Schädel eingeschlagen. Hemingway versuchte, es gesund zu pflegen, er gab dem Tier sechs Tropfen Gin, eine Penicillinspritze und träufelte ihm eine Mischung aus Aspirin und Mercurochrom auf den Schädel, jedoch alles

vergebens. Am Morgen sah man Hemingway noch immer mit dem Tierchen beschäftigt, das er Bad Bat getauft hatte: er versuchte, ihm unter dem rechten Flügel den Puls zu fühlen.

„Die tapfere Bad Bat ist tot", erklärte er schließlich.

Die Fledermaus wurde konserviert als Anerkennung für den Mut und die Geduld, womit sie ihre Schmerzen ertragen hatte.

Wenn man Hemingway fragte, wie er seine Leidenschaft für die Jagd in Afrika mit seiner Fürsorge für die Tiere auf der Finca Vigía vereinbaren könne, gab er zur Antwort, Afrika sei so etwas wie Kriegsgebiet, sein Haus aber sei eine Friedenszone.

Auch in den Zirkus ging er gern. Die reine Schönheit und Gewandtheit von Zirkusvorstellungen erschienen ihm wie „ein lebensechter, heiterer Traum"; er sah darin eines der echten Vergnügen des Lebens, das Leute für wenig Geld kaufen konnten.

Im Winter 1952–53 kam der Zirkus *Ringling Bros and Barnum & Bailey* zum fünften Mal nach Havanna. Die Direktoren waren John Ringling North, bekannt als „Northern Star", und sein Sohn Henry, der nach der Rückkehr aus dem Zweiten Weltkrieg die Tagesgeschäfte des Zirkus übernommen hatte. Unter der Leitung dieser beiden Männer hatte der Zirkus ein Niveau erreicht, das anscheinend nicht mehr zu übertreffen war. Nach ihrem Konzept hatte der Zirkus ein vollkommenes Wunderwerk an Organisation und Effizienz zu sein und bei jeder einzelnen Vorstellung sein Bestes zu geben. Es sollte wirklich „die größte Show der Welt" sein.

Der Zirkus war eine Stadt auf Rädern, die mit ihren 1500 Einwohnern nicht nur über die unentbehrlichen Reparaturwerkstätten, Friseure und Schönheitssalons verfügte, sondern auch ein eigenes Krankenhaus, Feuerwehr, Polizei, Rechtsanwälte und eine Reklameabteilung hatte. Insgesamt gab es 43 Zelte auf einer Fläche von 6 Hektar; allein das Hauptzelt mit seinen drei Manegen faßte 16.000 Zuschauer.

Hemingway besorge sich einen speziellen Paß, der es ihm erlaubte, die Zirkustiere zu besuchen und mit ihnen zu „reden".

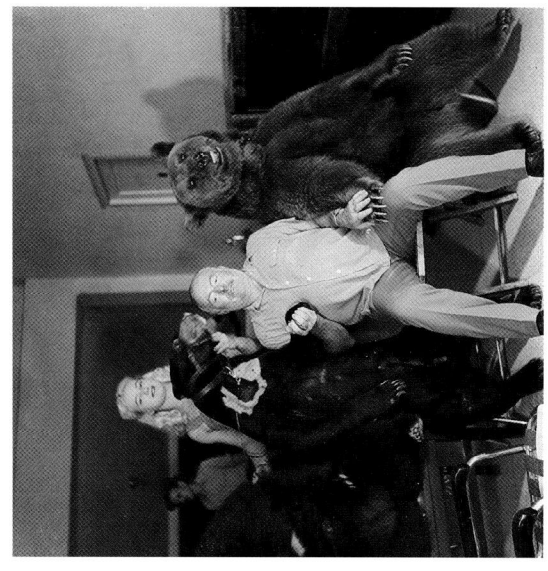

Die Braunbären haben es ihm offenbar besonders angetan. In der Annahme, Hemingway werde einen Artikel über den Zirkus schreiben, wurden eine Menge Fotos gemacht.

Mit Gary Cooper in der legendären Floridita Bar. Die anderen sind typische Vertreter der Sorte, die Hemingway in einem Tagebucheintrag vom 4. September 1956 beschreibt: aufstrebende Schriftsteller, Angestellte der amerikanischen Botschaft, Mitglieder des Lyon's Club oder des Frontkämpferbundes, FBI-Agenten oder Typen, die nächste Woche oder spätestens nächstes Jahr einem Mord zum Opfer fallen werden.

ben. Er nahm ein Exemplar seines Buchs und schlug den Artikel auf. Aber Hemingway ignorierte die Stelle, die Eastman ihm zeigte, und begann einen anderen Abschnitt vorzulesen, brach dann ab und fluchte leise vor sich hin. „Lesen Sie das Ganze, Ernest", drängte Eastman. „Sie mißverstehen das... Hier, Max soll es vorlesen." Perkins fing an zu lesen, aber Ernest nahm ihm das Buch wieder weg und sagte: „Nein. Ich werde lesen." Er sah Eastman wütend an, und dann schlug er ihm plötzlich das offene Buch so hart ins Gesicht, daß er zusammenbrach; zum Glück hat der schwere Einband ihm nicht die Nase gebrochen, aber sie war stark geschwollen. Den Zustand seiner Nase erklärte Eastman Journalisten später so: bei der Prügelei mit Hemingway habe er sich an dessen Brusthaaren festkrallen wollen, sie seien aber falsch gewesen und daher abgegangen, so daß er hingestürzt und mit der Nase auf den Boden geschlagen sei.

Hemingway prahlte ebenfalls mit seiner Heldentat. Kurz vor der Rückreise nach Spanien an Bord der *Champlain* gab er Reportern im Hafen ein Interview. „Der Mann konnte überhaupt nicht kämpfen. Er hat bloß Max Perkins angekrächzt: ‚Mit wem wollten Sie eigentlich sprechen: mit Ernest oder mir?'"

Hemingway entwickelte stets große Leidenschaft und Begeisterung, wenn es um das Eintreten für eine gute Sache ging. Er fühlte sich mit der ganzen Menschheit solidarisch und bewies durch die Tat, daß er seine Predigten über Mut und Gerechtigkeit durchaus ernst meinte. Gewiß prügelte er sich gern, gewiß spielten Abenteuer,

Gewalt und Waffen eine große Rolle in seinem Leben; aber er stürzte sich nicht wahllos in irgendeinen Krieg, bloß weil es ihm Spaß machte, ein Gewehr zu schwingen, zu hungern und zu frieren. „Niemand ist eine Insel." Hemingway war ein Mensch unter Menschen. Manchmal traf er die falsche Entscheidung, aber er besaß den Mut, Partei zu ergreifen; denn im Grunde liebte er seine Mitmenschen. Zwischen März 1937 und November 1938 reiste er insgesamt viermal als Kriegskorrespondent in das von einem schlimmen Bürgerkrieg geschüttelte Spanien. Alle Kämpfer in Madrid kannten Hemingway, zumindest vom Sehen her: ein großer, stämmiger Mann mit kräftigem Kinn, breitem Grinsen und kleiner runder Stahlbrille, bekleidet mit Wildlederjacke, hohen Jagdstiefeln und schwarzer Baskenmütze. Auf seinen Gängen durch die spanische Hauptstadt trug er eine Magnum-Pistole, die er am Zoll vorbeigeschmuggelt hatte, ein Fahrtenmesser und eine Kürbisflasche – ein Souvenir aus dem Ersten Weltkrieg – voll Cognac. Die Taschen hatte er mit rohen Zwiebeln vollgestopft, und wenn er Hunger hatte, aß er eine und spülte sie mit einem Schluck Cognac hinunter.

Man hätte meinen können, er habe einen Schutzengel, so gelassen ging er im Kugelhagel spazieren, so mühelos wich er den Geschossen aus, wenn er losging und den Soldaten einen Drink vorbeibrachte. Der holländische Regisseur Joris Ivens, der am gleichen Frontabschnitt seinen Dokumentarfilm *The Spanish Earth* drehte, war jedesmal entsetzt, wenn Hemingway, der als sein Berater fungierte, im Verlauf der Kampfhandlungen „genauso

6. September 1950, im Cerro Jagdclub. An seinem batterie-betriebenen Zenith-Radio hört Hemingway den Wetterbericht; er wirkt besorgt, während Gregorio Fuentes wie immer einen zuversichtlichen Eindruck macht. Ein Tropentief nähert sich von Guadeloupe her Kuba, aber dies ist nicht das erstemal, daß Gregorio die Pilar sicher durch einen Hurrikan bringen wird.

Am 4. Juli 1964, fast genau drei Jahre nach seinem Tod, schrieb Hemingways Witwe Mary einen Brief an ihren ehemaligen Chauffeur Juan Pastor. Darin erinnerte sie sich wehmütig an das angenehme Leben, das sie auf der Finca Vigía geführt hatte. Eingesperrt in die brütende Hitze New Yorks, vermißte sie den kühlen Schatten der Palmen und das „schöne Leben, das wir da draußen hatten". Sie erinnerte Juan an die Sache mit dem Geldbündel, das er einmal in der Garage gefunden und ihr gebracht hatte. „Ich kann dir nicht sagen, wie stolz ich auf deine Handlungsweise gewesen bin." Nun habe sie keinen Chauffeur mehr, sie müsse sich an die Straßenecke stellen und ein Taxi rufen. Aber sie beklage nicht diese Unbequemlichkeiten, sondern den Verlust an Kamerad-schaft: Taxis „sind nicht so lustig wie unsere Ausflüge nach Havanna mit dir am Steuer des alten Chevy, oder war es ein anderes Auto?".

Tatsächlich war es ein Buick. Die Hemingways besaßen auch einen Chrysler, den Juan nur zu besonde-ren Anlässen aus der Garage holte.

Aber Juan war mehr als nur Chauffeur. Nach einer richtig langen Sitzung in der Floridita Bar mußte er seinen Boss auch schon mal buchstäblich unter die Arme greifen, um ihn sicher nach Hause zu bringen.

An einen Vorfall aus dem Januar 1953 erinnert Juan sich besonders gut. Er hatte es geschafft, Hemingway aus dem Wagen zu ziehen und half dem Torkelnden nun die Treppe zum Haus hinauf. Als sie die Eingangstür erreicht hatten, holte der gutmütige Juan tief Luft und entschloß sich auszusprechen, was ihm schon seit langem auf der Seele lag: „Nehmen Sie's mir nicht übel, Boss, aber Sie trinken zuviel. Jeder kann das sehen. Schnaps hat Neben-wirkungen, aber in Ihrem Fall sind es Hauptwirkungen."

Hemingway versuchte zu antworten, brachte aber nur ein Murmeln zustande, das sich anhörte wie: „Was'n los?"

Juan ergriff die Gelegenheit und antwortete schlagfer-tig: „Da haben Sie's, Boss, Sie können nicht mal richtig sprechen. Sie können nicht mal eine vernünftige Antwort geben!"

Nun entwickelte sich so etwas wie ein Streitgespräch. Zunächst hörte sich Hemingway mit glasigem Blick und wütendem Grunzen Juans Ausführungen an, daß er sich auf der Heimfahrt zweimal erbrochen und sogar in die Hose gemacht habe. Dann erklärte er aufgebracht, nicht

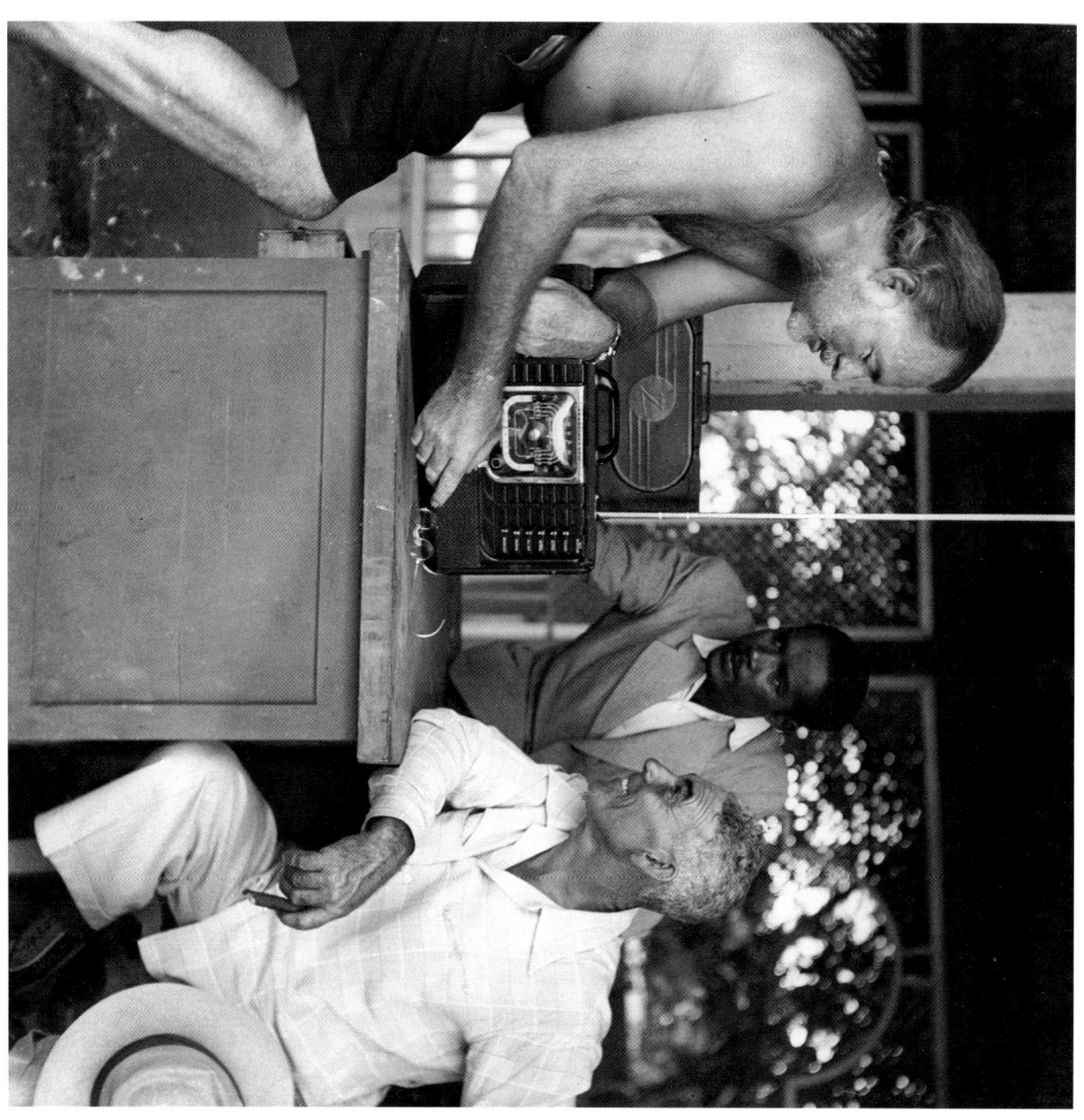

Eine Bar am Hafen von Havanna. Hemingways Rekord, aufgestellt in der Floridita Bar, waren 12 doppelte Daiquiris ohne Zucker. Der klassische Daiquiri wurde von einem spanischen Barkeeper der Floridita erfunden: eine Mischung aus Rum, Zitrone und Zucker auf zerstoßenem Eis, dazu ein Spritzer Maraschino. Hemingways Version wurde unter dem Namen „Daiquiri à la Papa" bekannt.

Floridita Bar, in den 50er Jahren. Neben Roberto Herrera Sotolongo (Mitte) sieht man als zweiten von rechts Colonel Charles Sweeny, einen der wenigen Männer, die Hemingway bewunderte. Er war Absolvent der West Point Militärakademie und hatte während der mexikanischen Revolution an der Seite von Madero gekämpft; später trat er in die französische Fremdenlegion ein, und 1940/41 war er Fliegermajor bei der RAF. Mary scheint sich mehr für Gianfranco Ivancich zu interessieren.

in den Gewässern nördlich von Kuba patrouillierte. Er konnte von den zahlreichen Flügen berichten, die er vor und nach dem D-Day mit den Piloten der Royal Air Force, darunter der spätere Air Marshall Peter Wykeham Barnes, absolviert hatte. Und er konnte natürlich seine wilde Fahrt von der Normandie nach Paris beschreiben: bis an die Zähne bewaffnet, gut versorgt mit Wein, Wermut und Cognac, hatte er damals an der Seite seines großen Helden und Freundes Colonel (später General) Charles Trueman „Buck" Lanham das 22. Regiment der Vierten amerikanischen Infanteriedivision begleitet; ferner konnte er von seinen Erlebnissen bei der Schlacht von Rambouillet berichten, als er, zusammen mit einem irregulären Trupp französischer Partisanen, die Stadt einen Tag lang gehalten hatte.

Außerdem hätte er hier eine der wirklich bizarren Episoden seines Lebens unterbringen können. Unter Hemingways Papieren, die nach seinem Tod in der Finca Vigía gefunden wurden, fanden sich etliche vergilbte, aber sauber getippte Blätter aus dem Jahre 1942. Der Text ist flüs-

sig und streckenweise elegant, die Schilderungen zuweilen geradezu poetisch. Darüber hinaus enthalten diese Blätter präzise und sehr detaillierte Informationen über die Aktivitäten der Nazis in Mexiko.

Unter anderem findet sich hier ein ausführlicher Report über den deutschen Pharmakonzern I.G. Farben, der den Agenten des Dritten Reichs als Tarnorganisation diente; ferner ein Bericht über die Beziehungen zwischen dem deutschen Botschafter in Mexiko und einer Gruppe rechtsgerichteter Intellektueller. Einer davon, ein gewisser „doctor", wurde bei der Veröffentlichung antisemitischer Literatur von den Deutschen finanziell unterstützt. Der Bericht enthält viele, zum Teil amüsante Anekdoten, sowie Auszüge aus Gesprächen und Briefen, in denen es um die Bemühungen des Botschafters geht, diese Kontakte herzustellen und zu festigen und eine großangelegte Propagandakampagne zu starten.

Dasselbe Dokument enthält auch eine Untersuchung der Nazi-Aktivitäten im Kaffeeanbaugebiet Chiapas de Soconusco; die meisten der dortigen Haciendas waren im

*Havanna, 1955. Feier
für Spencer Tracy in
einem Nachtclub.
Darunter eine
Gruppenaufnahme
aus der Floridita Bar,
mit Colonel Sweeny als
drittem von links.*

Sinskys Leidenschaft galt der Entdeckung des perfekten Gin-Cocktails, doch fand er nie die richtige Formel, mit der sich die Nachwirkungen dieser Mixtur hätten lindern lassen.

Cerro Jagdclub, um 1940. Hemingway ist Ehrengast bei einem Lunch zur Feier des Erscheinens von Wem die Stunde schlägt.

Besitz von Deutschen, die offensichtlich für die Nazis tätig waren. Das Gebiet wird als „sehr abgelegen und daher strategisch wichtig" geschildert.

Am Ende des Dokuments steht eine chiffrierte Signatur: A–39. Im Mai 1942 verbrachte Hemingway eine Woche im Plaza Hotel in Mexico City, und da er sich nicht direkt am Kampf beteiligen konnte, nutzte er den Aufenthalt zu privaten Nachforschungen. Das Dokument bezieht sich wahrscheinlich auf die Crook Factory, eine gegen die Nazis gerichtete Geheimorganisation, die Hemingway in den Jahren 1942–43 geleitet hatte.

Auf jeden Fall gibt es elf Tage in Hemingways Leben, die vollkommen im Dunkeln liegen: von Ende April bis Anfang Mai 1942. Die Akte des Schriftstellers in der CIA-Zentrale in Washington ist gesäubert worden; einige Seiten werden „aus Gründen der nationalen Sicherheit" nicht herausgegeben. Sie enthalten vermutlich interessante Informationen, denn die meisten davon beziehen sich auf das Jahr 1942. Es läßt sich jedoch unmöglich erraten, ob es auf diesen geheimnisvollen Blättern um Hemingways paramilitärische Aktivitäten geht oder ob sie, wie gelegentlich behauptet wird, von seiner Liebäugelei mit dem Kommunismus handeln.

Nur ein Drittel der Trilogie ist konzipiert und geschrieben worden. Wie der Titel nahelegt, handelt es sich bei *Inseln im Strom* um das Meer-Kapitel. Der Held Thomas

Hudson ist ein berühmter Maler. Er ist wohlhabend, stolz auf seine sonnengebräunte Haut und seine enormen Körperkräfte. Er besitzt ein Haus auf Bimini und eins auf Kuba und ein 16 Meter langes Boot. Hudson ist die überlebensgroße Version eines Hemingway, der noch stark und abenteuerlustig und noch immer bereit ist, in den Krieg zu ziehen. Alle geschilderten Orte sind real. Hemingway kannte die Gewässer um Bimini seit 1935; er war dort bekannt als der Amerikaner, der aus der Flasche trank, ein unverbesserlicher Angeber, der am Strand mit Tom Heeney boxte und wahllos auf die Haie schoß, die dort überall an der Küste herumschwammen. Auch die geschilderten Menschen waren real, wenngleich ihre Namen geändert wurden. Leopoldina Rodriguez, eine Prostituierte, die in den 40er Jahren in der Gegend um die Floridita-Bar arbeitete, erscheint hier als Honest Lil (Liliana La Honesta). Gregorio Fuentes heißt in dem Roman Antonio, und der Chauffeur Juan tritt als Pedro auf; beide werden exakt nach dem Leben geschildert.

In einer Szene denkt Thomas Hudson beim Rasieren an die vielen guten Dinge, die in Kuba hergestellt werden, insbesondere den ausgezeichneten 90prozentigen Alkohol. Es ist eine der wenigen Passagen, in denen die Insel gelobt wird.

Auch der Kapokbaum auf der Finca Vigía wird erwähnt. Thomas Hudson steht daneben; den Mantel überm Arm, wartet er auf seinen Wagen. Er betrachtet die Blätter und Zweige, die auf dem Boden liegen; der Baum ist alt. Seine Äste sind fast das ganze Jahr über kahl. In einer anderen Szene hantiert Thomas Hudson mit einer Männlicher Schönauer Kaliber 256: das Gewehr kann noch heute in der Finca Vigía besichtigt werden.

Auch Hemingways Katze Boise tritt in dem Roman auf. Thomas Hudson schnurrt und spricht mit ihr, als sei sie eine Frau. In Wirklichkeit war Boise während der Kriegsjahre nicht auf der Finca, sie kam erst viel später und war Hemingways Lieblingskatze, halb Perser-, halb Kreolenkatze. Als sie 1966 starb, blieben die Angestellten auf der Finca Vigía einer von Hemingway eingeführten Tradition treu: sie wickelten sie in ein Stück Tuch und begruben sie in der Nähe der Tür zum Eßzimmer. Dort müssen mindestens 50 Katzen begraben sein.

Hemingway beschreibt auch das Haus selbst, ein seltsames, stilles Haus ohne Frauen und Kinder. Nur ein neurotischer Chauffeur und ein schwarzer Hausdiener schleichen dort herum, genauso lautlos wie die Katzen.

Trotz seiner Begeisterung und Routine, und obwohl das Manuskript von *Inseln im Strom* auf tausend Seiten angewachsen war, kam Hemingway nur schwer voran und schloß nicht einmal den ersten Teil der Trilogie ab. Niemand weiß genau, wann und warum er es aufgegeben und die beiden anderen Teile nicht begonnen hat.

1951 erhielt Mary Hemingway von der kubanischen Regierung die Genehmigung, die in der Finca Vigía befindlichen Gemälde abzuholen; ferner wurden ihr etliche Manuskripte, darunter das von *Inseln im Strom*, ausgehändigt, die in einem Tresor der National Bank von Kuba deponiert worden waren. Im Mai 1970 kündigte Scribner's das Erscheinen des Buches an. Wie stark die Endfassung bearbeitet wurde, ist unmöglich festzustellen; der Verleger Charles Scribner Junior behauptete jedoch, Streichungen seien nur dort erfolgt, wo Hemingway selbst sie auch vorgenommen haben würde.

Inseln im Strom ist das dunkelste aller Werke Hemingways. Und es ist beinahe seine eigene Geschichte.

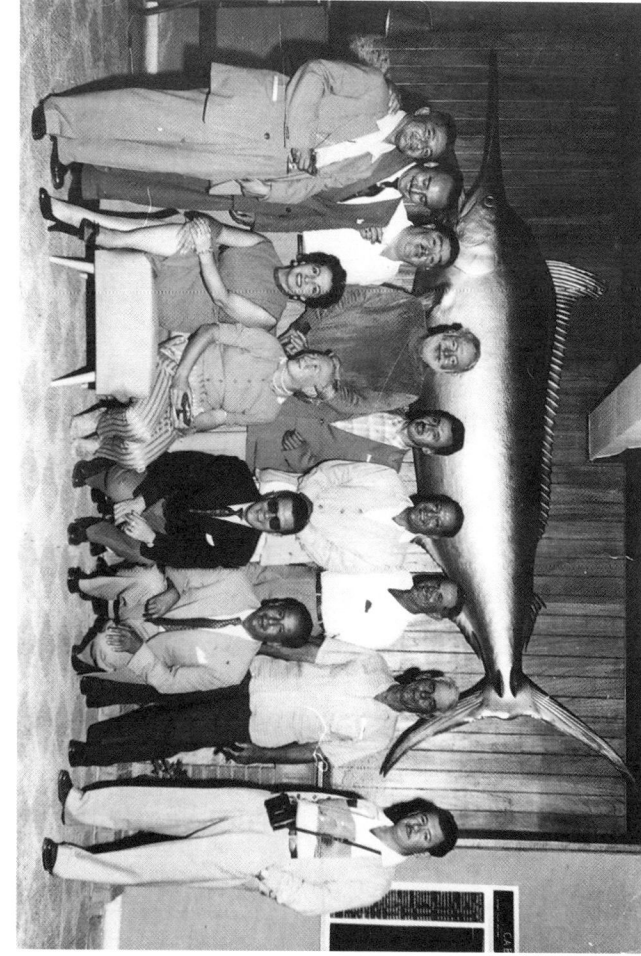

Peru, April 1956. Der Cabo Blanco Angelclub. Da sich während der Dreharbeiten zu Der alte Mann und das Meer in den Gewässern von Cojímar kein ausreichend großer schwarzer Marlin auftreiben ließ, mußte ein zweites Team nach Süden in den Pazifik geschickt werden.

153

KAPITEL ACHT

FINCA VIGÍA

DIE ZEIT STEHT STILL

Der Turm der Finca Vigía, gebaut 1947. Die erste Etage wurde von den Katzen bewohnt, in der zweiten befand sich das Bad, und ganz oben war ein Arbeitszimmer und eine Bibliothek mit Militaria untergebracht.

Im neunzehnten
Jahrhundert errichtete
die spanische Armee
hier einen
Beobachtungsposten,
eben Finca Vigía.
Die Fundamente der
Finca stammen noch
aus dieser Zeit. Hier
sieht man Ernest
Hemingways
kubanische Festung
im Schutz von
duftenden Sträuchern,
Areca- und anderen
Palmen.

Im August 1961, wenige Wochen nach Hemingways Tod, schenkte Mary Fidel Castro Ernest Hemingways Lieblingswaffe, eine österreichische Mannlicher Schoenauer aus dem Jahr 1903. Heute steht das Gewehr wieder an dem Platz in seinem Zimmer, wo er es abzustellen pflegte. Der Führer in Das kurze glückliche Leben des Francis Macomber, Harry Street in Der Schnee vom Kilimandscharo, Mister Pop in Die grünen Hügel Afrikas und Thomas Hudson in Inseln im Strom benutzen ein solches Gewehr. Auf dem Schreibtisch sieht man die Sammlung afrikanischer Holzfiguren, die Hemingway in Machakos in der Nähe von Nairobi gekauft hat. An der Wand der Kopf des wilden Büffels, den er auf seiner ersten Safari erlegte. Das Foto oben wurde 1934 in Tanganjika aufgenommen und zeigt den stolzen Jäger neben seiner Beute.

Die Bibliothek. Rechts
neben dem Eingang
ein 1957 von
Hemingway
erworbener Picasso-
Teller, der mit dem
Relief eines Stierkopfs
verziert ist. Daneben
hängt ein weiterer
Stierkopf, das Werk
eines spanischen
Korbflechters. Im
Vordergrund der
Schreibtisch aus
majagua, einem
kostbaren
kubanischen Holz.
Links von der Tür ein
Ruano Llopis-Plakat
von 1927 mit der
Ankündigung eines
Stierkampfs in San
Sebastián.

175

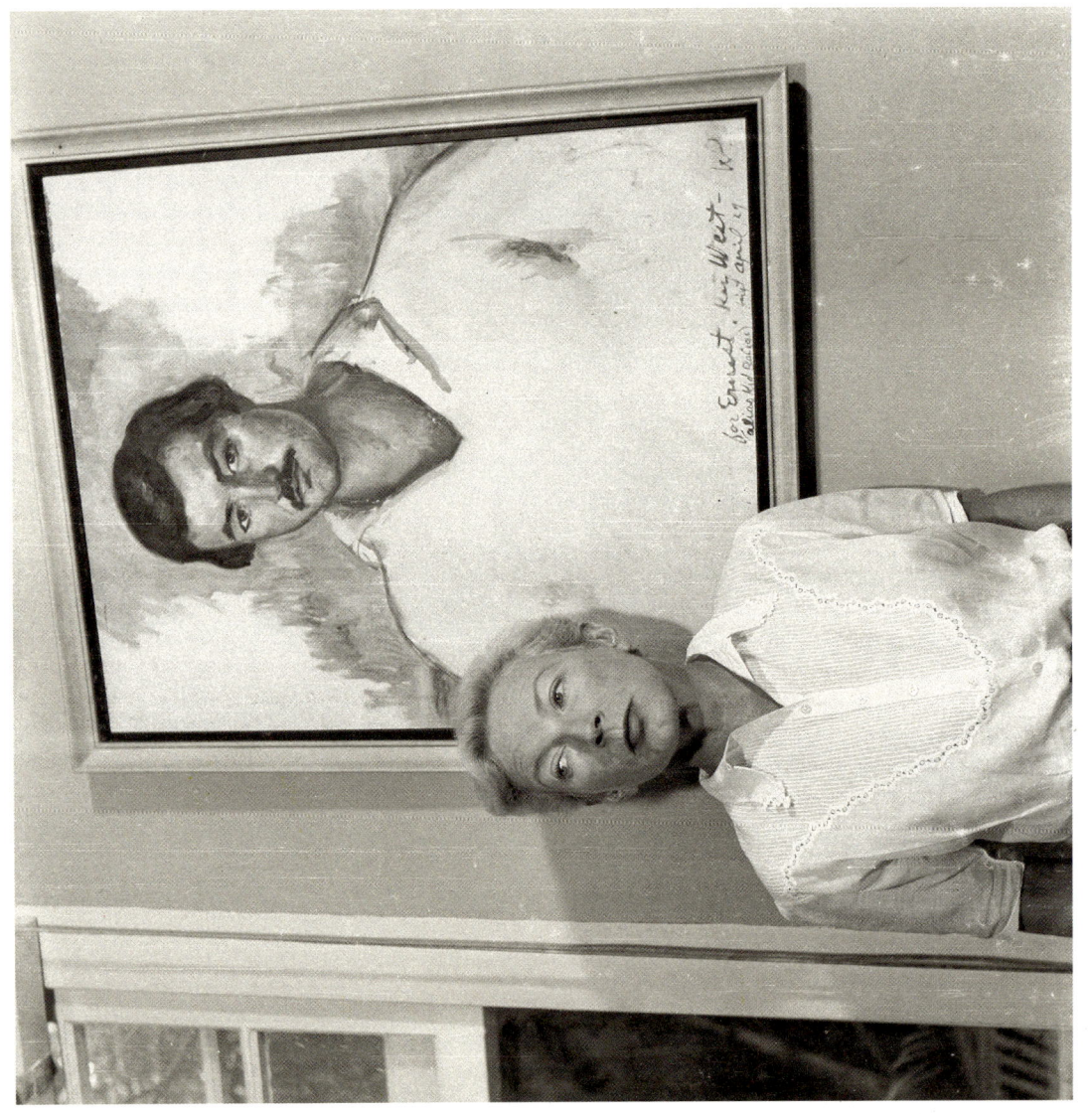

Das Hemingway-Porträt stammt von Waldo Peirce und ist im April 1929 auf Key West entstanden. Peirce war ein Freund von John Reed und wie Hemingway Veteran des Ersten Weltkriegs.